Estratégia de distribuição e gestão de canais

PUBLICAÇÕES
FGV Management

MARKETING

Estratégia de distribuição e gestão de canais

Alexandre Stigert
Carlos Renato Seabra

FGV | EDITORA IDE

Direitos desta edição reservados à
FGV EDITORA
Rua Jornalista Orlando Dantas, 37
22231-010 | Rio de Janeiro, RJ | Brasil
Tels.: 0800-021-7777 | 21-3799-4427
Fax: 21-3799-4430
editora@fgv.br | pedidoseditora@fgv.br
www.fgv.br/editora

Impresso no Brasil / *Printed in Brazil*

1ª edição – 2018

Preparação de originais: Sandra Frank
Editoração eletrônica: Abreu's System
Revisão: Fatima Caroni
Capa: aspecto:design

Ficha catalográfica elaborada pela Biblioteca Mario Henrique Simonsen/FGV

Stigert, Alexandre
Estratégias de distribuição e gestão de canais / Alexandre Stigert, Carlos Renato Seabra. – Rio de Janeiro: FGV Editora, 2018.
152 p.

Publicações FGV Management.
Área: Marketing.
Inclui bibliografia.
ISBN: 978-85-225-2076-3

1. Canais de distribuição. 2. Distribuição física de bens. 3. Logística empresarial. 4. Distribuição física de bens. I. Seabra, Carlos Renato. II. FGV Management. III. Fundação Getulio Vargas. IV. Título.

CDD – 658.87

Aos nossos alunos e aos colegas docentes,
que nos levam a pensar e repensar nossas práticas.
Às nossas famílias, que nos dão imenso apoio e incentivo.

Sumário

Apresentação

Este livro compõe as Publicações FGV Management, programa de educação continuada da Fundação Getulio Vargas (FGV).

A FGV é uma instituição de direito privado, com mais de meio século de existência, gerando conhecimento por meio da pesquisa, transmitindo informações e formando habilidades por meio da educação, prestando assistência técnica às organizações e contribuindo para um Brasil sustentável e competitivo no cenário internacional.

A estrutura acadêmica da FGV é composta por nove escolas e institutos, a saber: Escola Brasileira de Administração Pública e de Empresas (Ebape), dirigida pelo professor Flavio Carvalho de Vasconcelos; Escola de Administração de Empresas de São Paulo (Eaesp), dirigida pelo professor Luiz Artur Ledur Brito; Escola de Pós-Graduação em Economia (EPGE), dirigida pelo professor Rubens Penha Cysne; Centro de Pesquisa e Documentação de História Contemporânea do Brasil (Cpdoc), dirigido pelo professor Celso Castro; Escola de Direito de São Paulo (Direito GV), dirigida pelo professor Oscar Vilhena Vieira; Escola de Direito do Rio de Janeiro (Direito Rio), dirigida pelo professor Sérgio Guerra; Escola de Economia de São Paulo (Eesp), dirigida pelo professor Yoshiaki Nakano; Instituto Brasileiro de Economia (Ibre), dirigido pelo professor Luiz Guilherme Schymura de Oliveira; e Escola de Matemática Aplicada (Emap), dirigida pela professora Maria Izabel Tavares Gramacho. São diversas unidades com a marca FGV, trabalhando com a mesma filosofia: gerar e disseminar o conhecimento pelo país.

Dentro de suas áreas específicas de conhecimento, cada escola é responsável pela criação e elaboração dos cursos oferecidos pelo Instituto de Desenvolvimento Educacional (IDE), criado em 2003, com o objetivo de coordenar e gerenciar uma rede de distribuição única para os produtos e serviços educacionais produzidos pela FGV, por meio de suas escolas. Dirigido pelo professor Rubens Mario Alberto Wachholz, o IDE conta com a Direção de Gestão Acadêmica (DGA), pelo professor Gerson Lachtermacher, com a Direção da Rede Management pelo professor Silvio Roberto Badenes de Gouvea, com a Direção dos Cursos Corporativos pelo professor Luiz Ernesto Migliora, com a Direção dos Núcleos MGM Brasília, Rio de Janeiro e São Paulo pelo professor Paulo Mattos de Lemos, com a Direção das Soluções Educacionais pela professora Mary Kimiko Guimarães Murashima. O IDE engloba o programa FGV Management e sua rede conveniada, distribuída em todo o país e, por meio de seus programas, desenvolve soluções em educação presencial e a distância e em treinamento corporativo customizado, prestando apoio efetivo à rede FGV, de acordo com os padrões de excelência da instituição.

Este livro representa mais um esforço da FGV em socializar seu aprendizado e suas conquistas. Ele é escrito por professores do FGV Management, profissionais de reconhecida competência acadêmica e prática, o que torna possível atender às demandas do mercado, tendo como suporte sólida fundamentação teórica.

A FGV espera, com mais essa iniciativa, oferecer a estudantes, gestores, técnicos e a todos aqueles que têm internalizado o conceito de educação continuada, tão relevante na era do conhecimento na qual se vive, insumos que, agregados às suas práticas, possam contribuir para sua especialização, atualização e aperfeiçoamento.

Rubens Mario Alberto Wachholz
Diretor do Instituto de Desenvolvimento Educacional

Sylvia Constant Vergara
Coordenadora das Publicações FGV Management

Introdução

Entregar ao cliente o bem que ele adquiriu: nada mais simples e óbvio, no universo empresarial. Entretanto, particularmente no contexto empresarial moderno, essa tarefa – a distribuição – apresenta-se como um dos grandes desafios às organizações, capaz de garantir um robusto diferencial competitivo.

De um lado temos um mercado em que a concorrência se mostra em um grau de acirramento nunca antes visto, com uma infinidade de empresas competindo entre si, no mesmo segmento, com milhares de produtos sendo lançados a cada ano; de outro, temos um novo consumidor, bastante informado e consciente de suas necessidades e desejos, completamente distinto daquele que durante séculos podia ser classificado, simplesmente, por meio do enquadramento em poucas camadas sociais.

A gôndola não estica! Essa é uma frase de efeito que representa não apenas uma intrincada situação real a ser enfrentada pelo varejo: não há espaço suficiente para que esse extraordinário volume de produtos seja exposto e disponibilizado para o mercado atendido. Por isso, o emprego de canais de distribuição eficientes envolve, além da entrega, propriamente dita, um meticuloso planejamento de quantidades e estoques, em cada nível, desde a fábrica até o varejo, passando por todos os intermediários envolvidos, a fim de garantir que o consumidor consiga adquirir os produtos desejados.

O objetivo deste livro, estruturado em quatro capítulos, é compartilhar com o leitor o entendimento do papel estratégico e decisivo representado pelo canal de distribuição, apresentando uma visão prática e atual da sua aplicação, alicerçada em conceitos técnicos, de modo a garantir a otimização do atendimento ao mercado.

O primeiro capítulo contextualiza a distribuição como parte do sistema logístico, evidenciando seu papel estratégico, enfatizando a importância da disponibilidade tempestiva dos produtos, face à evolução do comportamento do consumidor e ao surgimento do conceito de *omnichannel*.

No segundo capítulo, são analisados os movimentos logísticos, enfocando a distribuição como parte do composto de marketing, capaz de influenciar o nível de serviço prestado pelas empresas. São apresentadas ferramentas de tecnologia da informação, ressaltando a imprescindibilidade do seu emprego, a fim de se atingir uma distribuição eficiente.

O capítulo três concentra-se na estruturação do canal de distribuição, analisando o papel que cada tipo de intermediário desempenha, evidenciando a função do varejo (físico e *online* – *e-commerce*) como elo final de contato com o consumidor. São examinadas as variáveis de mercado e discutidos os fluxos distributivos, de modo a permitir o entendimento da distribuição como instrumento de motivação e atendimento ao consumidor.

O último capítulo versa sobre os tipos de distribuição, analisando as consequências da inclusão dos intermediários no canal de distribuição, com foco na sua amplitude e extensão, considerando os custos e a rentabilidade relacionados a sua implementação. Apresenta, ainda, as diretrizes, as especificações e os quesitos, necessários e suficientes, para a elaboração de um plano de distribuição.

1
Cadeia de suprimentos

Os modelos tradicionais de negócios passam por uma reavaliação e adaptação às novas exigências de um mercado que hoje se mostra cada vez mais competitivo. Se, antes, por mais intensa que fosse a concorrência, ela envolvia normalmente apenas uma ou duas empresas, agora a cada dia surgem novos competidores, disputando um novo consumidor, muito mais atento, informado, ávido por inovações e que conta com uma poderosa e avassaladora ferramenta de marketing: as redes sociais.

Nesse cenário, não é mais possível às organizações a manutenção de diferenciais competitivos desenvolvendo e aplicando estratégias isoladas. No que tange à logística, particularmente quando focamos na distribuição, o modelo pelo qual se alcançava a eficiência pretendida por meio de procedimentos e ferramentas internas de controle não mais permite uma posição de destaque. Por isso, a necessidade imperativa de trabalhar em conjunto com as empresas que fazem parte de sua cadeia de suprimentos, ou seja, fornecedores e intermediários (distribuidores, atacadistas, varejo e outros), a fim de adquirir vantagem competitiva.

Este capítulo aborda os principais conceitos logísticos, a fim de demonstrar que o adequado gerenciamento da cadeia de suprimentos constitui-se em uma indispensável ferramenta de competitividade.

A evolução do mercado

Vivemos em um mundo de extrema competitividade. Se, antes, as empresas desenvolviam suas estratégias focadas em superar os concorrentes, a luta hoje é pela sobrevivência, focada no consumidor. Nunca foi tão atual a frase de Leon C. Megginson (*Quote Investigator*, 2014), professor da Louisiana State University, frequentemente atribuída a Charles Darwin: "Não é a mais forte das espécies que sobrevive, nem a mais inteligente, e sim a que melhor se adapta às mudanças". Isso ocorre não apenas pela extraordinária metamorfose ocorrida com o consumidor, o cliente final, que adquire, a cada instante, impressionantes níveis de informações e de exigências, mas, em paralelo, pelas alterações ocorridas com o mercado de consumo.

Acontece que, até o final da década de 1970 e início dos anos 1980, em todo o mundo (e no Brasil não era diferente), dominavam o mercado, em nível nacional, duas grandes marcas, muitas vezes posicionadas em patamares diferentes, tanto em termos de valor quanto de preço; alguns produtos reinavam únicos, absolutos. Assim, na categoria de extrato de tomate (não havia molho) tínhamos Cica e Etti; na de gelatinas, havia Royal e Oetker; disputando a sede do consumidor, existiam apenas Guaraná Antártica e Coca-Cola (sem variantes) e as cervejas Brahma e Antarctica (idem); biscoitos eram Piraquê ou Aymoré; absorvente higiênico, só o Modess; lâmina de barbear era Gillette; sandália de borracha, apenas a Havaiana; esponja de aço unicamente Bombril; para mascar, chiclete Adams ou Ping-Pong; remédio para febre era Melhoral; o fortificante Biotônico Fontoura dominava, soberano; e a pomada multiuso Furacin servia para quase qualquer problema de pele.

Além disso, tudo era relativamente previsível, em termos de produtos. Por exemplo: nos anos 1930, foram lançados comercialmente os primeiros aparelhos de televisão. Eram caixotes ruidosos e com imagem sofrível, que custavam mais de US$ 5 mil. Os aparelhos foram se aperfeiçoando e havia um sentimento de expectativa e uma certeza de que um dia a TV evoluiria para um modelo em cores, o que somente aconteceu em meados dos anos 1960. Da mesma forma, o primeiro aparelho sem CRT (tubo de raios catódicos) e, obviamente muito mais fino, de alta resolução, a TV de plasma, também era uma expectativa, e veio de fato a acontecer, no Brasil, depois de 1990 (Tecmundo, 2009). Em suma, as coisas eram previsíveis e aconteciam, mas isso levava um tempo considerável.

A partir da virada da década de 1970 para a de 1980, começou a se processar, na vida do consumidor, uma inimaginável mudança: já não era possível prever, com exatidão, como e quais seriam os novos produtos, muito menos quando seriam lançados, o que passaria a ocorrer cada vez com mais frequência e em menor intervalo de tempo. As marcas se proliferaram: se antes, havia pouquíssimas opções de escolha e, devido à existência de um número reduzido de *players*, os pedidos eram colocados nas indústrias com surpreendente antecedência (chegando a mais de um ano), agora os bens, de modo geral, passaram a ter um comportamento de *commodity*, ou seja, produtos primários, de baixo valor agregado, sem marca definida e com pouca diferenciação, aparecendo no mercado em vários tipos diferentes ou, ainda, várias opções dentro do mesmo tipo (tamanhos, sabores, embalagens, extensões de marca, extensões de linha etc.). As opções passaram a ser tantas que as gôndolas começaram a não ter espaço suficiente para comportar tão extenso e variado mix de produtos, e as lojas começaram a aumentar sua área de vendas, em uma frustrada tentativa de acomodar tamanha diversidade. Mas, como se sabe, as gôndolas não são elásticas e chegamos a um ponto em que já não cabe nas prateleiras tudo o que é fabricado. A partir desse momento, em que as indústrias passaram a disputar cada centímetro de exposição, o mercado sofreu uma reviravolta. O poder, que antes era total dos fabricantes, passou para os grandes varejistas e, posteriormente, para as grandes redes. Com a mudança, quem quisesse estar visível na gôndola tinha de enfrentar a concorrência; nas lojas, que, enormes, demandavam um bom tempo para serem percorridas, percebeu-se que havia locais que eram mais lucrativos, que vendiam mais que outros, e que, portanto, passariam a ter um valor diferenciado para aqueles que se dispusessem a ocupá-los.

A partir do instante em que o poder de barganha mudou de mãos, a distribuição, que antes era relegada a um segundo plano, passou a ter um valor estratégico. Antes de tudo, era vital estar presente, não apenas nas lojas, mas nas prateleiras. Estar visível para o cliente que entrasse no estabelecimento era imprescindível, mas não menos importante era existir em quantidade suficiente para todos aqueles que fossem às compras; era vital que não faltassem produtos. Os espaços passaram a ser disputados com avidez, e a logística, como um todo, passou necessariamente, de fato e de direito, a fazer parte do planejamento das empresas.

Vantagem competitiva

Se antes, até a virada para a década de 1990, a competição que havia no mercado, de modo geral, era bastante branda, a partir de então, tornou-se cada vez mais acirrada, motivo pelo qual as organizações passaram a sentir a necessidade de se diferenciar, de modo a fazer frente aos seus concorrentes.

A interpretação de Kotler e Keller (2012) de que o objetivo do marketing é atender os clientes, satisfazendo suas necessidades e desejos, pode (e deve), também, ser aplicada à logística, uma vez que no mundo cada vez mais competitivo de hoje é necessário que se foque no cliente, o qual tem diferentes necessidades e que, consequentemente, deve ter atendimento diferenciado.

Nesse contexto, é vital que compreendamos o conceito de competitividade, que pode ser visualizado, de forma bastante assertiva, conforme elaborado por Porter (2005), segundo o qual, vantagem competitiva consiste em se diferenciar da concorrência agregando valor aos produtos, por meio de fatores que devem ser percebidos e duradouros. Isso significa que, para que uma empresa sobreviva e sobressaia, é necessário que, independentemente de classificação, tipo ou categoria, busque, contínua e incessantemente, oferecer aos consumidores bens que possuam benefícios que eles percebam e que tenha capacidade, ainda, de mantê-los no mercado durante um período que proporcione um ciclo de vida (introdução, crescimento e maturidade e declínio) capaz de proporcionar retorno ao investimento.

Complementando sua conceituação, Porter (2005) afirma que, para alcançar vantagem competitiva existem, basicamente, apenas dois caminhos, duas fontes estratégicas, quais sejam: diferenciação e baixo custo. Cabe aqui uma importante observação: baixar custo não significa reduzir preços, que pode até ser uma consequência, mas não o objetivo; representa, ao contrário, otimizar os custos de aquisição de insumos, de produção e de distribuição. Porter aventou ainda uma terceira fonte de vantagem competitiva, que seria o enfoque, mas que, ao final, acaba sendo absorvido pela diferenciação.

Adaptada a esse entendimento, a logística permite que as empresas adquiram maior competitividade, proporcionando consideráveis reduções de custos pela otimização dessa atividade e também pela diferenciação, ao adicionar valor aos bens, conforme explanado por Novaes (2015:57), de acordo com as seguintes perspectivas:

- valor de lugar (onde necessário), que pode ser entendido como disponibilizar o produto o mais próximo possível do cliente, respeitada a relação custo/benefício;

- valor de tempo (quando necessário), da mesma forma que o anterior, mas relacionado a entregar no momento em que é demandado;
- valor de informação (com o necessário), relacionado ao conhecimento dos atributos do produto, às formas de transportá-lo, armazená-lo e manuseá-lo, e à capacidade de rastreá-lo, durante todo o seu percurso, desde a origem, até o destino final;
- valor de qualidade (como necessário), associado ao cumprimento do prometido, ou seja, entregar o produto no local e momento certos, e exatamente com as características esperadas, isto é, com todos os seus atributos: cor, tamanho, quantidade, composição, atributos técnicos e de funcionamento.

Cadeia de suprimentos como ponto focal

Quando os bens chegam às mãos do consumidor, seja este pessoa física ou empresa (cliente industrial), eles passaram, antes, por um longo processo de elaboração, que teve início com o fornecimento de matéria-prima por uma empresa (que tem uma determinada *expertise*) em sua forma bruta ou, após ser reutilizada e modificada, ela chega a uma indústria específica em forma de insumo, e é utilizada para um último emprego, em que se transformará no produto final. Na etapa seguinte, após prontificado, é necessário que o bem seja disponibilizado ao consumidor, o que poderá ser realizado diretamente pela própria fábrica ou por meio de outras organizações. Esse é o delineamento, de forma geral, do modelo da cadeia de suprimentos (em inglês, *supply chain*), ou cadeia de abastecimento, apresentado na figura 1, que vai suprir o consumidor com o bem de que ele necessita.

Figura 1
Cadeia de suprimento

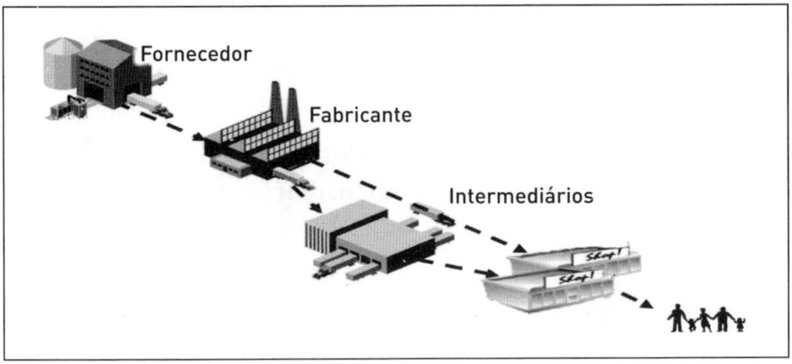

Fonte: <www.ibid.com.br/blog/gestao-da-cadeia-de-suprimentos-7-desafios-e-como-supera-los/>. Acesso em: 21 jul. 2017.

Como se pode observar, a cadeia de suprimentos, em sua visão conceitual, está centrada na fábrica e, da mesma forma que pode haver vários membros entre ela e o fornecedor inicial de matéria-prima, processando-a e transformando-a em insumo que, servirá de base para os produtos finais, também pode haver diversos outros membros entre a fábrica e o consumidor final, chamados de intermediários (distribuidores, atacadistas, varejistas, entre outros), justamente por intermediarem a revenda do produto até sua aquisição pelo consumidor final.

É importante que tenhamos em mente que, em uma visão sistêmica, toda empresa pode ser vista como uma fábrica, uma vez que os bens que foram por ela adquiridos, por certo ponto de vista, não são os mesmos que ela entrega ao mercado, uma vez que a eles foi agregada uma série de valores, de acordo com a especialidade daquela empresa. Isso pode ser melhor compreendido quando analisamos a figura 2.

Figura 2
Sistema de operações

Note que, ao analisarmos um sistema de transformação, identificamos entradas, sistema de conversão e saídas. As entradas, que serão trabalhadas e depois transformadas em produtos (ou serviços), se compõem de fatores externos (governo, legislação, políticas, sociedade, costumes, tributos etc.); do mercado (fornecedores, clientes e concorrentes); e de recursos primários (matéria-prima, mão de obra, capital, maquinário e serviços públicos). O subsistema de conversão é representado pela fábrica, que com suas características peculiares (seu *know-how*, seus funcionários, seus equipamentos, sua gestão, entre outras) processa a matéria-prima e a transforma em saídas (o bem final), que, por sua vez, são divididas em saídas diretas (produtos e serviços) e indiretas (salários, impostos e impactos ambientais).

Envolvendo esse sistema, existe, ainda, o "ambiente de marketing", definido por Kotler e Keller (2012), como o meio no qual a empresa, os *stakeholders* (grupos de interesse) e forças externas estão inseridos, composto por macroambiente (forças sociais), microambiente (forças que influem nas relações) e ambiente interno (fatores internos), e que oferece oportunidades e ameaças, capazes de afetar o relacionamento da organização, seus clientes e fornecedores, devendo, portanto, ser continuamente monitorado.

Com base no exposto, é necessário que compreendamos que, apesar de o desenho macro da cadeia de suprimentos comportar três membros distintos (fornecedor de matéria-prima, fábrica e intermediários), qualquer empresa, independentemente do papel que desempenhe, tem seus próprios fornecedores e clientes, de modo que pode, e deve, pelo ponto de vista logístico, ser analisada segundo o enfoque de ser o membro central de uma "minicadeia" de suprimentos. Para que esse conceito seja melhor compreendido, basta que se entenda que um atacadista (o Makro, por exemplo), por essa ótica, opera como uma fábrica a partir do momento em que possui fornecedores, recebendo deles as mercadorias, processando-as e adicionando valor, já que as manipula, expõe em local adequado, separa-as, reembala-as e, posteriormente, as revende, possuindo também intermediários (os pequenos e médios varejos, os bares e os restaurantes que adquirem seus produtos para revenda).

Julgamos oportuno não encerrar esta seção sem antes apresentarmos o desenho do canal de distribuição que, como pode ser observado, está contido na cadeia de suprimentos (logística *inbound*) e se caracteriza por se iniciar a partir da fábrica, sem conter o fornecedor, conforme ilustrado na figura 3.

Figura 3
Canal de distribuição

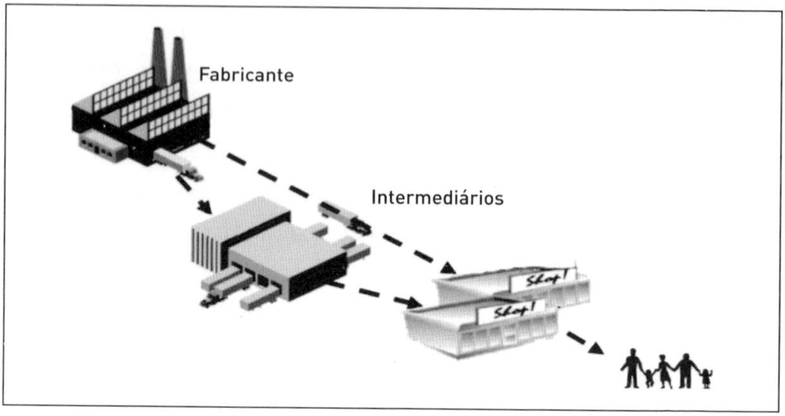

Fonte: <www.ibid.com.br/blog/gestao-da-cadeia-de-suprimentos-7-desafios-e-como-supera-los/. Acesso em: 21 jul. 2017.

Atividades logísticas

A logística é uma ciência que tem por finalidade, basicamente, otimizar os fluxos de materiais e de informações entre a fábrica, seus fornecedores e seus clientes. Uma das definições mais clássicas, assertivas e atuais de logística é a cunhada por Ballou (1993:24):

> Logística empresarial trata de todas as atividades de movimentação e armazenagem, que facilitam o fluxo de produtos, desde o ponto de aquisição de matéria-prima, até o ponto de consumo final, assim como dos fluxos de informação que colocam os produtos em movimento, com o propósito de providenciar níveis de serviço adequados aos clientes, a um custo razoável.

Por sua vez, o Council of Supply Chain Management Professionals (CSCMP, 2013), em uma definição mais atual, mas tão representativa quanto a anterior, entende a logística como:

> A parte do gerenciamento da cadeia de suprimentos que planeja, implementa e controla, eficiente e eficazmente, os fluxos direto e reverso e a armazenagem dos bens, serviços e informações relacionadas, entre o ponto de origem e de consumo, de forma a atender as necessidades dos clientes [CSCMP, 2013:117].

Em uma visão mais moderna, que permite entrever não apenas uma sucessão de processos, mas, principalmente, uma perspectiva sistêmica, fundamental para o ambiente competitivo atual, Bowersox et al. (2014:32) definem logística como: "Projetar e administrar sistemas para controlar o transporte e a localização geográfica dos estoques de matérias-primas, de produtos em processo e acabados, pelo menor custo total".

Com base nessas definições, ao analisar a cadeia de suprimentos, e lembrando que, no modelo apresentado na figura 1, o foco está na fábrica (posição central), percebemos que existem duas subdivisões da logística, se assim se pode dizer: uma pela qual a fábrica recebe os suprimentos (matérias-primas e insumos diversos), chamada de logística *inbound* (entrada), ou logística de suprimentos, e outra pela qual os produtos acabados são entregues aos consumidores, conhecida como logística *outbound* (saída), ou logística de distribuição.

Tanto a logística de suprimentos quanto a de distribuição são, na realidade, constituídas de determinados e distintos processos que representam, ao final, as ações que serão levadas a efeito e que são conhecidas, em conjunto, como atividades logísticas, quais sejam:

- *transporte* – responsável pela movimentação dos produtos externamente à empresa;
- *manuseio de materiais* – trata da movimentação interna, no local ou no transporte;
- *embalagem de proteção* – compõe o envoltório que garante a movimentação e guarda das mercadorias com segurança;

- *manutenção de estoques* – atinente aos cálculos de quantidades e prazos em que os produtos serão armazenados e repostos;
- *manutenção da informação* – concernente a todo o controle sobre o produto na cadeia de suprimentos (de onde vem, para onde vai, onde está, de que forma tem de ser armazenado, quem são os clientes, fornecedores, quais os prazos, entre outros);
- *programação de produtos* – determina como, depois de fabricadas, as mercadorias serão entregues;
- *processamento de pedidos* – envolve todas as outras atividades, desde o recebimento até a entrega aos clientes finais;
- *armazenagem* – entendida, de forma simplificada, como a guarda dos produtos;
- *obtenção* – refere-se à aquisição de matéria-prima.

Entretanto, é necessário que observemos a existência de duas importantes diferenças entre a logística *inbound* e a *outbound*: na primeira, por se tratar das atividades que ocorrem antes da fabricação, não existe, ainda, o produto final, não havendo o que programar com relação a ele, não havendo, por isso, a atividade "programação de produtos". De modo similar, na segunda, por se referir às atividades que acontecem após a fábrica, não existe a "obtenção", já que o produto está pronto e não haverá compra de matéria-prima.

Pelo exposto, observamos que a logística não se resume, portanto, apenas aos processos de transporte e armazenagem, como é comum se pensar. Conforme preceitua Ballou (1993), são nove as atividades logísticas e, para que se busque uma gestão eficiente, é vital que todas sejam analisadas e otimizadas.

Planejamento logístico

De modo geral, as definições de logística têm como princípio comum planejar, implementar e controlar as atividades logísticas na cadeia de suprimentos. Em uma visão sistêmica, trata-se, desse modo, de avaliar os fatores internos e externos à organização, de modo a tomar as decisões mais acertadas no que se refere à logística.

Devido ao vulto das operações envolvendo não apenas cada um dos membros da cadeia, mas também o conjunto deles (quando se busca o gerenciamento como um todo), alguns tópicos exercem papel de elevada complexidade porque afetam o desempenho de toda a cadeia de abastecimento, merecendo, por isso, ser acompanhados com mais acurácia. Entre tais tópicos podemos destacar:

- as atividades logísticas: transporte, armazenagem, controle de estoques etc.;
- as informações: relativas aos produtos, aos processos e aos membros da cadeia;
- as instalações: envolvendo localização, características físicas e desempenho;
- os clientes: considerando que têm características e necessidades diferentes;
- os membros da cadeia: cada um com suas especificidades.

Para que o resultado final proporcione a maior eficácia possível, todas as ações referentes à logística devem ser precedidas de um criterioso e bem fundamentado planejamento, que não difere, em termos de metodologia, daquele realizado comumente. No seu decorrer, existem algumas variáveis críticas que afetarão todo o desempenho da empresa durante longo prazo e que devem ser dimensionadas com precisão e cuidado extremos; são aquelas que se referem à localização das instalações, já que envolvem toda a movimentação referente ao recebimento de insumos e, posteriormente, à entrega de produtos ou serviços. Em função dessas variáveis, que vão definir a disposição geográfica, será mais ou menos demorado e custoso tanto ser atendido quanto atender. Isso afetará o serviço prestado ao cliente, particularmente no que se refere às suas expectativas (quantidades e prazos), tendo, por conseguinte, enorme efeito sobre o desempenho da empresa, uma vez que estão diretamente relacionados ao nível de serviço proporcionado que, por sua vez, tem reflexos significativos sobre a competitividade.

Entretanto, por se tratar de uma ciência com certas peculiaridades, alguns quesitos especiais devem ser avaliados; daí a existência dos chamados *princípios básicos do planejamento logístico*, evidenciados por Ballou (2008), que são, de forma sintetizada, os seguintes:

- *postergação ou* postponement – consiste em procurar adiar, o máximo possível na cadeia de suprimentos, a finalização do produto, o que pode ser identificado quando observamos empresas como Spoleto (massas), em que os componentes básicos já estão separados e previamente preparados, mas que, quase imediatamente após a compra, são "reunidos" para montar o prato final;
- *compensação de custos* (trade-off) – pela qual se busca avaliar toda a situação decorrente de uma mudança em qualquer das atividades logísticas, a fim de detectar todas as alterações decorrentes. Seria o caso, por exemplo, de analisar o custo/benefício no fornecimento de bens congelados, substituindo várias entregas diárias executadas diretamente pelo fornecedor por meio de pequenos furgões em uma cidade distante por uma única entrega, realizada por um caminhão muito maior. Entretanto, para isso, haveria necessidade de um depósito a partir do qual seria realizada a distribuição porta a porta, condicionada, obviamente, à legislação local;

- *padronização* – procedimento que consiste em estabelecer padrões ou normas, de qualquer natureza, seja em produtos, componentes, aparelhos, instalações ou processos. É o caso típico dos *paletes* de madeira (estrados empregados na movimentação de cargas), que, quase globalmente, e também no Brasil, possuem as medidas padronizadas em 1,20 x 1,00 metro;
- *consolidação* – caracterizada basicamente pela otimização de espaço, tanto na armazenagem quanto no transporte. Parte do princípio de que quanto mais se conseguir agrupar mercadoria em um determinado espaço, maior será a economia em termos de redução de custos. Um exemplo interessante de consolidação, com vários benefícios, inclusive no que tange à sustentabilidade, pode ser apreciado no da cerveja Heineken cube, exposto na figura 4.

Figura 4

Heineken cube

Enquanto uma conhecida marca brasileira recorre ao conceito de "cerveja redonda", o *designer* francês Petit Romain desenvolve um *shape* conceitual para envazar a Heineken. Conforme consta em alguns *sites*, a cervejaria ainda não se pronunciou sobre o assunto. A ideia é de fato genial.

A proposta dos "cubos", segundo o *designer* francês que fez o projeto, é de que, além de mudar o conceito de como as pessoas passarão a tomar cerveja, será uma forma de otimizar o transporte e a estocagem do produto. Nas caixas para o transporte, a garrafa quadrada ocuparia todos os espaços, diferentemente dos modelos tradicionais. Há embutido o conceito sustentável, que está no fato de que um caminhão conseguiria transportar uma quantidade bem maior de garrafas; dessa forma seriam emitidos menos gases poluentes na atmosfera.

Fonte: <https://bierdesign.wordpress.com/2012/08/20/heineken-cube/>. Acesso em: 28 jun. 2017.

A importância dos sistemas de distribuição

Embora, como visto, a logística envolva todo o fluxo de materiais, desde a matéria-prima até a entrega ao cliente final, abrangendo os dois segmentos *inbound* e *outbound*, este livro tem como escopo desenvolver considerações sobre a distribuição, motivo pelo qual, daqui por diante, toda a ênfase será sobre esse processo.

Normalmente, ao surgir um novo produto no mercado, o primeiro grande foco das empresas se concentra em analisar seu portfólio, para verificar se possui um que lhe seja similar e, em caso negativo, avaliar a necessidade, ou não, de lançar um produto concorrente. É natural que assim procedam, tendo em vista que um novo competidor trará sensíveis alterações no seu *market share*.

Entretanto, o estudo da distribuição nem sempre é priorizado de forma adequada. Na realidade, o lançamento de um novo produto (ou a retirada de um que já existia) traz a imediata necessidade de que seja analisado, com minuciosa e profunda atenção, todo o canal de distribuição da empresa. Isso porque, como mencionado, a participação no mercado será afetada. A entrada de um novo produto no mercado (caso não seja absolutamente inovador) significa, em um primeiro momento, dividir um espaço já ocupado, tanto na mente do consumidor quanto nas gôndolas. Além disso, existe, ainda, a possibilidade, bastante real, de que novos tipos de PDVs (pontos de venda), e novas praças (locais) passem a distribuir aqueles produtos, o que virá a afetar, sobretudo, toda a estratégia de presença no mercado. Da mesma forma, a saída de um produto conduzirá, invariavelmente, a idêntica reflexão.

Considerando, por exemplo, o lançamento do iogurte grego no Brasil (produto inovador e revolucionário, que não possuía concorrente por ocasião de sua entrada no mercado e que, praticamente, criou uma nova categoria de consumo), ou, por outro lado, a retirada do "Sem Parar" (chocolate da Nestlé que era o maior concorrente do "Bis", da Lacta, e que com ele dividia a liderança no

Brasil), passando pela existência de centenas de milhares dos mais inexpressivos produtos, de quaisquer empresas (dos quais sequer lembramos o nome, dado que não chegam a durar um ano, após os lançamentos), a distribuição sempre foi impactada, ou pelo menos ameaçada, e todas as empresas que concorriam naqueles mercados foram obrigadas a reavaliar suas estratégias de distribuição. Isso porque a entrada ou saída de um produto vai afetar a competitividade, uma vez que representará uma nova opção para o consumidor (ou deixará de ser, no caso da retirada), obrigando os concorrentes a analisar, inicialmente, duas ações principais:

1. estar, ou não, presente no mesmo PDV – o simples fato de um produto estar sendo vendido em uma determinada loja, independentemente do tipo ou do canal, exige, por parte dos concorrentes, uma análise do seu desempenho e da viabilidade de também estar lá;
2. garantir que não faltem produtos nos canais de vendas atendidos – nos PDVs em que estiver sendo comercializado um determinado bem, havendo ou não a presença de um concorrente, é prioritário analisar as possíveis consequências de rupturas e como isso poderá afetar o comportamento de compra dos clientes.

Nas duas situações, a distribuição estará sendo afetada e, ainda que as conclusões a que se chegue indiquem que não se deve alterar o sistema existente, o estudo não poderá ser negligenciado. O mesmo raciocínio se aplica quando da saída de um bem que já exista. Isso porque uma das grandes decisões que deve nortear a distribuição se refere ao mix ideal de produtos, ou seja, à quantidade e o tipo de itens que devem estar presentes em cada PDV.

Além disso, um dos pontos críticos no que concerne aos sistemas de distribuição é aquele relacionado à combinação ideal de canais, uma vez que, como enfatizado por Rosenbloom (2014:6), "é a qualidade do mix de canais e não a quantidade, o ponto chave para satisfazer a sua base de consumidores".

Temos, portanto, dois fatores essenciais para a eficácia da distribuição: os tipos de canais que deverão ser empregados e os tipos e quantidades de produtos disponibilizados (aqui, sim, a quantidade é de suma importância, para que não haja rupturas ou excesso de estoques), de modo a garantir a plena satisfação dos consumidores. Afinal, conforme indicam Coughlan et al. (2012:32), há uma necessidade imperativa em identificar não apenas "como o usuário final prefere comprar", mas, "também, o que ele quer comprar".

Características do mercado

O mercado atual exige, por parte das organizações, elevado esforço para se manterem competitivas. Isso, em parte, pelo elevado número de concorrentes (e pela facilidade em identificar e copiar as características dos produtos) e também pelo comportamento do consumidor moderno que, cada vez se torna mais exigente, mais informado e mais "antenado".

Fruto dessas duas características, há a necessidade de que as empresas acompanhem constantemente seus negócios, a fim de monitorar toda e qualquer alteração que ocorra, permitindo um posicionamento proativo ou, pelo menos, uma reação rápida e eficiente.

Segundo estudo realizado pela consultoria Nielsen (2014), apenas um quarto de novos lançamentos, na área de bens de consumo, sobrevive ao primeiro ano de vida: 76% deles deixam de estar presentes nas gôndolas, sendo que pouco mais da metade (55%) não resiste às primeiras 26 semanas.

O consumidor, por sua vez, graças, particularmente, ao advento da internet e à globalização, passa a ter acesso, em tempo real, a tudo o que acontece no mundo, o que muda completamente sua percepção, suas opções de compra e sua mentalidade. Com isso, não se pode mais considerá-lo, simplesmente, um mero comprador potencial; para as organizações, torna-se questão de sobrevivência assumir seu ponto de vista, compreender suas necessidades e, sobretudo, colocar-se no seu lugar, para que consiga um posicionamento mais assertivo e competitivo. Não basta mais, apenas, "focar no consumidor" – nesse novo ambiente; é essencial assumir o "foco *do* consumidor"; é crucial colocar-se em seu lugar, a fim de conhecer com mais exatidão suas necessidades, de modo a alcançar maior grau de satisfação e, ainda, de se diferenciar e reduzir custos. Apesar de haver uma concordância quanto a esse posicionamento, não é, de fato, o que tem acontecido. Uma pesquisa elaborada pela DOM Strategy Partners (2015), junto às mil maiores empresas do Brasil, constatou que apenas 36% dos seus CEOs (diretores executivos) têm como principal foco estratégico o consumidor; em vez disso, priorizam os acionistas, associando os clientes a custo. Trata-se de uma visão distorcida, que deve ser modificada, tendo em vista que uma das tendências que cada vez mais se concretiza é a busca pela customização, entregando ao cliente um bem que vá ao encontro de seus requisitos individuais.

No mercado moderno, o fator tempo passa a representar um bem de elevada importância, já que, apesar dos esforços que começam a ser desenvolvidos no sentido de favorecer a mobilidade das pessoas, a rotina de vida que se leva hoje, de modo geral, faz com que elas passem uma expressiva parte do seu dia em deslocamentos para o local de trabalho e de lá para casa. Assim, o consumidor dispõe de cada vez menos tempo para as tarefas do seu dia a dia e para o lazer. Daí o desenvolvimento de algumas características que, hoje, se tornam bastante representativas quando da análise do seu comportamento, entre as quais se destacam:

- a vontade de receber cada vez mais rapidamente os produtos;
- a necessidade de escolher onde receber os produtos.

Na realidade, esses dois comportamentos estão relacionados a um grupo de tendências que fazem com que o consumidor de hoje se diferencie, sobremodo, daquele cliente que existia até o fim do século passado, levando às empresas a imprescindibilidade de se adaptar às suas novas exigências. Uma pesquisa levada a efeito pela Euromonitor (2017), organização internacional especializada em informações estratégicas de mercado, que apresenta as 10 principais tendências globais de consumo para 2017 e permite entender o perfil geral do novo consumidor, alinha as seguintes características de consumo:

1. envelhecimento (maior longevidade com atividade);
2. consumidores em formação (influência das crianças nas decisões de compra);
3. extraordinário (consumidores atípicos em termos de gostos);
4. compras mais rápidas (consumidores impacientes);
5. o fascínio da autenticidade (busca por produtos genuínos);
6. identidade em fluxo (identificar com vertentes políticas, de gênero, étnicas etc.);
7. personalização;
8. pós-compra (experiência vivenciada após a compra);
9. privacidade e segurança;
10. bem-estar como símbolos de *status*.

Na maioria dessas tendências, é possível identificarmos a necessidade de desenvolver um correspondente esforço de distribuição, a fim de garantir a escolha e a fidelidade do consumidor. Quando se foca no envelhecimento das pessoas, por exemplo, que cada vez se tornam mais idosas e mais ativas, ou no grupo oposto, as crianças, que passam a influenciar as decisões de compra dos pais, ou, ainda, na "identidade em fluxo" (conceito que considera indivíduos com características específicas, com os mais diversos comportamentos e necessidades), e, por fim, na personalização (produtos distintos, para diferentes pessoas), é possível perceber uma quase obrigação de disponibilizar e manter uma variedade de produtos cada vez mais assertiva nas lojas (PDVs).

Além disso, outro aspecto que não podemos deixar de considerar é o que diz respeito às particularidades das novas gerações, a partir dos *baby boomers* (os nascidos a partir do fim da II Guerra Mundial), incluindo as gerações X (nascidos nas décadas de 1960 e 1970), Y (nascidos nas décadas de 1980 e 1990) e Z (nascidos a partir da década de 1990), que têm peculiaridades bastante distintas e que, por isso, adquirem e consomem produtos diferentes e de forma diferenciada. Assim, a distribuição deve garantir que esses díspares perfis de consumo sejam atendidos, o que exige um entendimento aprofundado de cada um, já que possuem características diferentes, conforme pode ser observado no quadro 1, que apresenta a geração W, a qual se refere àquela parcela da geração Z que primeiro teve contato com a web (internet).

Quadro 1
Características das diferentes gerações

Veteranos (1930-1945)	***Baby boomers*** (1946-1964)	**Geração X** (1965-1976)	**Geração Y** (1977-1990)	**Geração W** (1991-2003)
• Assistiram os pais lutarem pela sobrevivência • São conservadores e cuidadosos com o dinheiro • Valorizam segurança e estabilidade	• Representam grupo experiente • Iniciaram a carreira com máquinas de escrever, sem computadores ou celulares • Passaram por momentos difíceis da economia mundial • Valorizam trabalho árduo e carreira sólida • Focam no resultado	• São fortes candidatos a posições de liderança • Iniciaram a carreira juntamente com os avanços da tecnologia • Divertiam-se com os primeiros *videogames* • Valorizam o empreendedorismo • Focam no equilíbrio entre vida pessoal e profissional	• Buscam posições de liderança • Cresceram com a tecnologia • Possuem mentalidade global • Aceitam mais facilmente as diferenças • Viveram bons momentos da economia mundial • São questionadores, ansiosos e imediatistas • Não se prendem à empresa	• Representam o grupo mais jovem nas organizações • São totalmente tecnológicos (nativos digitais) • Têm pais protetores • Valorizam o engajamento em ações sociais • Entediam-se facilmente • Estão sempre em busca de algo melhor

Fonte: Centro de Pesquisa, Desenvolvimento e Educação Continuada (Cpdec).

Portanto, para que se tenha uma distribuição eficiente, é necessário fazer um estudo mais profundo, entre outros fatores, das faixas etárias dos consumidores, não apenas porque pertencem a diferentes gerações, mas, acima de tudo, porque as gerações que hoje convivem no mercado têm características muito específicas e, muitas vezes, divergentes. Há certo tempo atrás, era possível conhecer, com grande precisão, mesmo com base em poucos parâmetros, o perfil de um determinado indivíduo e que tipo de padrão médio comportamental teria, em termos de consumo, quando atingisse certa idade. Hoje em dia, isso se torna cada vez mais difícil de prognosticar.

Omnichannel

Outra característica importante do mercado moderno refere-se a uma tendência do consumidor a comprar cada vez mais pela internet, levando a uma diminuição da frequência de visita às lojas físicas. Conforme vem sendo acompanhado e apresentado pela National Retail Federation (NRF, organização responsável por coordenar, há mais de um século, no Retail Big Show, em Nova York, a maior feira de varejo do mundo), existe uma preocupação relacionada à existência das lojas físicas. Há, entretanto, um consenso, de que, pelo menos por enquanto, por mais digital que se torne o consumidor, devido às peculiaridades comportamentais do ser humano, relacionadas principalmente à sua sociabilidade, ao hábito de buscar o contato físico com o produto e de interagir com o ambiente e as pessoas, essas lojas devem perdurar.

Por outro lado, o ritmo de vida do novo consumidor, que o leva a, cada vez mais, conviver (e viver) no mundo digital, no qual há facilidade de acesso a todo o tipo de informação, esteja o consumidor onde estiver, a qualquer momento, fez com que ele passasse a interagir com as marcas em vários pontos de contato diferentes, simultaneamente, surgindo daí o conceito de *omnichannel*, cuja gestão pode ser definida como

> o gerenciamento em sinergia dos vários e numerosos canais de venda disponíveis e dos pontos de contato com o cliente, de tal modo que a experiência dos clientes através desses canais e também o desempenho, nos canais, sejam otimizados [Verhoef, Kannan e Inman, 2015:176].

Na prática, isso significa que o consumidor pode ser impactado por uma informação de um fabricante no seu celular, na TV, rádio ou revista, dentro de um elevador, quando chega ao *hall* de um edifício, durante sua caminhada na rua, ao entrar em um ônibus, trem, metrô ou avião, no próprio aeroporto e, obviamente, ao entrar em uma loja; tudo isso sem deixar de consultar (e checar), todo o tempo e em tempo real, informações relacionadas, em seu *smartphone* e, ao final, efetuar uma compra, vivenciando uma experiência de compra exclusiva e completa, o que, na realidade, reflete o conceito de *omnichannel* e representa o grande desafio para as marcas: fazer com que todos os canais estejam integrados. Expressa-se, portanto, como o esforço em valorizar (e otimizar) a experiência de compra de um consumidor que, independentemente do canal frequentado (físico ou virtual, *on-line* ou *off-line*), inicia ou conduz sua compra enquanto pesquisa, ininterruptamente, pela internet, podendo, inclusive, efetuá-la por meio de um aplicativo (ainda que dentro da loja).

Conforme demonstra a figura 5, da ferramenta de pesquisa Google Trends, o interesse em conhecer o termo *omnichannel*, desde seu surgimento recente, tem crescido extraordinariamente, à medida que o conceito se populariza e é incorporado, flutuando o volume de consultas na internet, em torno de 75% a 100%, com uma quantidade maior de picos neste último valor, sempre crescente. É interessante notar que os grandes (e raros) picos negativos ocorrem, sempre anualmente, entre os meses de dezembro e janeiro, coincidentes com aqueles relativos ao período de férias coletivas.

Figura 5
Interesse ao longo do tempo

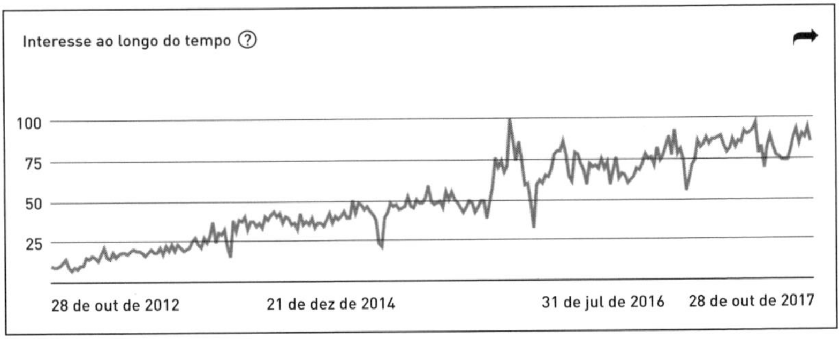

Fonte: <https://trends.google.com.br/trends/explore?q=%2Fm%2F0cmcvnd>. Acesso em: 25 nov. 2017.

Essa tendência se mostra ainda mais relevante, tendo em vista que o consumidor se torna cada vez mais conectado, permanecendo, a cada dia, por mais tempo na internet e, portanto, transferindo para o ambiente da *web* suas ações e hábitos. Segundo pesquisa efetuada pela We Are Social, agência de marketing social (Assennato, 2016), o Brasil é um dos países mais conectados do mundo. As pessoas ficam, em média, por mais de nove horas na internet, havendo mais celulares que habitantes (276 milhões de aparelhos contra 204 milhões de pessoas), sendo que o acesso à web via *smartphones* tem crescido exponencialmente (109% de aumento), em número muito maior que por meio de computadores pessoais (12% de queda).

Ainda, como pode ser comprovado em pesquisa apresentada pela Mobile Marketing Association (MMA) – maior associação sem fins lucrativos do mundo relacionada a *mobile marketing* e presente em mais de 50 países, com mais de 800 associados – e realizada pela Millward Brown Brasil e a NetQuest (Adnews, 2016), o brasileiro, em conformidade com as transformações que vêm acontecendo no mundo, é o consumidor que mais tempo fica conectado apenas pelo celular – em média, por 3,14 horas por dia.

Conforme citado em *Experiência omnichannel: o guia definitivo* (Omni Plusoft, 2017:37):

> Quando os clientes exigem as melhores características do mundo digital e do mundo offline em ambos universos, eles demandam pela recomendação pessoal de produtos e serviços, bem como sua disponibilidade instantânea aliados a componentes da web que ofereçam transparência em termos de estoque, preços e comentários de outros consumidores, entregas convenientes e comparação de preços e produtos.

Nesse cenário, torna-se vital para a marca esforçar-se para que o consumidor, como parte de sua experiência, receba o produto no prazo e nas condições que atendam suas expectativas, daí a necessidade de um canal de distribuição eficiente, o que leva não apenas às características da entrega em si, mas a toda uma estrutura multifacetada, envolvendo uma logística complexa, capaz de ter o produto disponível. Resultam daí soluções como a implementação de "pontos de retirada", utilizando *lockers* (armários), como os que são ofertados pela empresa EasyPost (2017), mostrados na figura 6, localizados inicialmente em supermercados, lojas da Declathon e postos de gasolina da rede Shell, e os *click collect*, da InPost, localizados nos postos Ipiranga. Ou, ainda, novos modelos, como as lojas com vitrines virtuais criadas pela Rede Tesco, na Coreia, em que os clientes selecionam os produtos com seus *smartphones* e, efetuando a leitura do QR *code* (código de barras dimensional, que proporciona o armazenamento de informações em quantidade muito superior ao código de barras convencional), realizam a compra que, posteriormente, é entregue no local escolhido por eles.

Figura 6
Locker (ponto de retirada)

Fonte: <www.easypost.com.br>. Acesso em: 25 jun. 2017.

O *omnichannel*, portanto, não reflete apenas uma novidade, mas sim uma realidade a que as empresas e o mercado devem se adaptar. Considerando que o mundo se torna cada vez mais digital, esse novo caminho para atendimento das necessidades do consumidor passa a ser prioritário para a definição de estratégias das organizações vencedoras.

Ruptura

Devido ao ambiente de extrema competitividade que hoje vivemos, um cuidado especial deve ser tomado em relação à disponibilização de bens para o consumidor. Se, por um lado, o excesso de estoques compromete a competitividade, dado que gera custos que deveriam ser evitados, por outro, a falta de mercadorias também leva a prejuízos significativos, não apenas pelas vendas perdidas, mas, sobretudo, pela insatisfação gerada, além de outras consequências desastrosas.

Ruptura é o nome técnico para a ausência de produtos na área de vendas (particularmente nas gôndolas), e vem sendo alvo de profundos estudos pela maioria das grandes empresas relacionadas a bens de consumo. Trata-se, no que se refere a comércio, de um dos males do século (aliás, já desde o século anterior) e representa um grande temor para as indústrias, distribuidores e varejistas: a perda da venda e do cliente.

Existem dois tipos de ruptura:

- a que se refere a produtos de baixa fidelidade;
- a que se relaciona aos produtos de alta fidelidade.

É importante destacar que não existe um meio-termo: os de "média fidelidade" ou indiferentes acabam por conduzir a um comportamento de compra similar aos de baixa fidelidade.

Quando o cliente se depara com a falta na gôndola de um produto de baixa fidelidade, naturalmente ele busca por outro similar (em qualidade e preço), que o substitua, podendo afetar, portanto, o fabricante (a marca); já se ele busca um produto de alta fidelidade, normalmente ele o procura em outro PDV, o que causará prejuízos à loja.

Conforme expõe Cruz (2015), as consequências do "*out of stock*" (traduzido por falta de estoque, o que significa que o produto não está disponível para a compra na loja; trata-se de um dos sinônimos de ruptura), ou seja, da falta de produto na gôndola, pode gerar as seguintes atitudes, por parte do *shopper* (o cliente decisor que está dentro da loja efetuando compras e que, portanto, estará susceptível às ações que forem levadas a efeito, durante sua permanência), apresentadas no quadro 2.

Quadro 2
Consequências da ruptura

Atitude	Varejista	Fabricante
Substituir o item pela mesma marca	Risco do consumo de produtos de menor valor.	Sem prejuízos financeiros, risco do consumo de produtos de menor valor.
Compra o item por outra marca	Risco do consumo de produtos de menor valor.	Perda de receita, desgaste da marca e risco de fidelização ao concorrente.
Compra o item em outra loja	Perda de receita, desgaste da imagem da loja.	Desgaste da imagem da marca.
Desistir	Perda da receita e desgaste da imagem.	Degaste da marca, perda da receita e de fidelidade.
Adiar a compra	Sem prejuízos financeiros, apenas de imagem.	Sem prejuízos financeiros, apenas de imagem da marca.

Fonte: <www.ilos.com.br/web/ruptura-o-consumidor-nao-perdoa/>. Acesso em: 24 jun. 2017.

Em qualquer dos casos, a consequência extremamente danosa da ruptura é permitir, ou até induzir, que o *shopper* seja levado a experimentar o concorrente (produto ou loja); como existem vários bens muito parecidos entre si, devido ao grande número de competidores tanto em marca quanto em itens, a probabilidade de que o cliente, após a experimentação, troque de produto (ou de loja) é extremamente elevada. Por isso a grande preocupação por parte das empresas em estudar as possíveis causas e respectivas soluções para a ruptura.

Apesar de a definição e de os exemplos citados se referirem à ruptura como ausência de produtos na gôndola (prateleira física) e de, fundamentalmente, se relacionarem aos chamados FMCG (*fast-moving consumers goods* – bens de grande consumo, normalmente de uso doméstico, de baixo preço e adquiridos em grande volume), é importante que se tenha em mente que, na realidade, independentemente de quem seja o cliente, sempre que o vendedor não dispuser do bem (que ele deveria ter) no momento da venda, haverá ali uma ruptura, com todos os seus efeitos.

Não importa se se trata de bens físicos ou serviços; se o cliente é uma pessoa que está na loja, ou outra que vai a um banco em busca de um empréstimo, ou outra, ainda, que vai a um salão de beleza; se é um comprador de uma indústria ou de um atacadista; se é um internauta que está conectado tentando fazer uma reserva em um restaurante ou mesmo um paciente tentando marcar uma consulta ou um exame: não havendo a disponibilidade, uma das opções apresentadas no quadro 2 fatalmente vai se concretizar.

Por fim, os riscos inerentes às cadeias de suprimentos podem ser classificados, de acordo com Laczynski et al. (s.d.) como aqueles que se referem ao país (instabilidade de toda natureza), aos fornecedores, às características da demanda, à infraestrutura (incluindo a estrutura física e a tecnologia da informação), à produção, aos externos não controláveis (fatores alheios ao domínio da empresa) e à logística (fluxo de materiais). Entretanto, devido às características de extrema competitividade do mercado, hoje a ruptura acaba por representar um dos maiores riscos à eficiência das cadeias de suprimentos, pois todos os outros citados acabam por redundar, ou interferir, na incapacidade de reabastecimento, gerando, portanto, a falta do produto no momento em que se torna necessário.

No próximo capítulo, serão abordados conceitos importantes da distribuição, relacionados ao marketing, bem como o papel fundamental desempenhado pela tecnologia, sem a qual, hoje, não é possível alcançar níveis mínimos de eficiência.

2
Movimentos logísticos e sistemas de distribuição

A logística é uma atividade vital para o adequado funcionamento das empresas na economia globalizada. O processo logístico da distribuição engloba uma série de providências que, por sua vez, se relacionam a uma grande variedade de fatores que o influenciam, direta ou indiretamente. Nesse sentido, nos dias de hoje, a tecnologia da informação constitui uma ferramenta indispensável para o sucesso das organizações.

Neste capítulo trataremos de pontos importantes relacionados à localização dos produtos e de estoques, à busca por custos cada vez mais enxutos, sem comprometer o nível de serviço ao cliente. Veremos também a distribuição física do produto até sua chegada ao PDV, e de que forma a tecnologia da informação pode ser útil, aumentando a produtividade, eliminando erros humanos e imprimindo alta velocidade aos processos e decisões empresariais, permitindo um conhecimento muito mais profundo da empresa, do intermediário e do consumidor final. Por fim, abordaremos o composto de marketing (4Ps), com ênfase no P de praça, quando veremos a importância de planejar com excelência o abastecimento do mercado.

Movimentos logísticos

Entende-se por movimento logístico a movimentação física de um determinado item desde o ponto inicial (por exemplo, fornecedores de matérias-primas) até o ponto final, onde o produto e/ou serviço será consumido. Faz parte desse sistema toda a infraestrutura física, tecnológica e de serviços (além dos modais de transporte) planejada para a consecução, nos prazos acordados, dos objetivos corporativos (de mercado) definidos por uma determinada organização.

A função da logística consiste em colocar materiais, produtos, serviços ou pessoas onde e quando são necessários. Assim, a logística, pelo ponto de vista de prestação de serviço, pode ser definida como o conjunto de processos que viabiliza que as necessidades dos clientes sejam atendidas, por meio do cumprimento de dois atributos essenciais: localização e tempo.

A importância da logística está no fato de ser comum encontrarem-se fornecedores, produtores e consumidores espacialmente separados devido a sua ampla dispersão geográfica. No entanto, os bens e serviços produzidos por uma economia só têm utilidade quando entregues aos seus consumidores, no momento oportuno, para que de fato se realize o consumo. Desse modo, podemos concluir que a logística tem como incumbência fundamental aproximar a produção do consumo, lembrando que, como ilustrado na figura 2, apresentada no capítulo 1, toda empresa deve ser entendida como uma fábrica. E mais, o nível de serviço proporcionado aos clientes será fruto de um adequado planejamento, envolvendo, principalmente, essas duas variáveis: tempo e lugar.

Qualquer empresa possui como objetivo essencial fornecer ao mercado bens que devem, por finalidade, atender as necessidades de seus clientes. Entretanto, é antiga, e bastante atual, a visão de Levitt (1990) de que, ao adquirir um determinado produto, o cliente estará, na realidade, usufruindo uma série de benefícios que o envolvem. Esses benefícios são frutos, em grande parte, do nível de serviço oferecido, resultante, por sua vez, do aumento da percepção de valor de atributos que ultrapassam as expectativas dos clientes. Esse, portanto, segundo Ballou (2008), deve ser o foco principal do planejamento das empresas, em torno do qual se desenvolve um triângulo primário de decisões estratégicas relacionadas à localização, estoque e transporte, conforme pode ser visualizado na figura 7.

Figura 7
Triângulo de planejamento em função das principais atividades logísticas

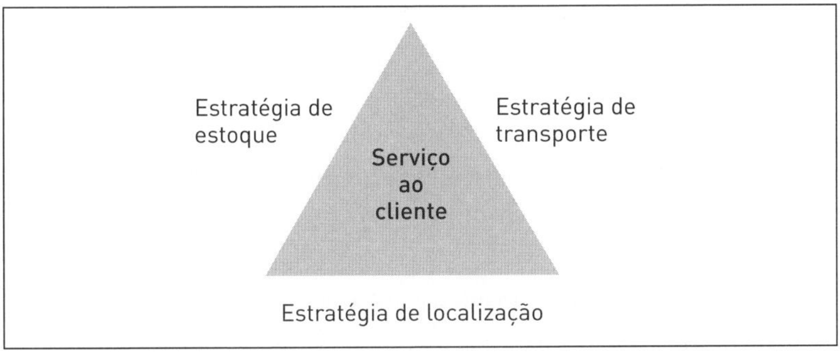

Fonte: Ballou (2008).

Assim, é fundamental, para um planejamento logístico eficiente no que se refere aos estoques, que eles existam em quantidade suficiente para atender as demandas existentes; daí a necessidade de que as previsões sejam as mais precisas possíveis. Entretanto, sua localização é outro ponto de suma importância, uma vez que a distribuição espacial dos estoques terá efeitos significativos sobre o nível de serviço ofertado, assim como ocorre, também, com o transporte, já que, seja qual for o esquema de estoque e de localização, a mercadoria terá de ser entregue aos clientes. A fim de que isso se concretize, deverá ser adotada uma estratégia a ser desenvolvida.

Apesar de existirem metodologias para a elaboração dessa estratégia, ela será influenciada substancialmente pelas características de cada empresa (cultura, gestores, colaboradores, ambiente, visão, meta, objetivo operação, valores etc.), o que faz com que não haja uma fórmula definida de *o que* e *como*, exatamente, fazer. Por isso o fato de as empresas similares terem comportamento e resultados diferentes.

Nesse contexto, especialmente aquelas duas atividades – transporte e armazenagem – merecem um estudo acurado, pois, como visto, constituem as variáveis logísticas fundamentais para o início do planejamento da distribuição.

Distribuição física

Até princípios do século passado, a logística era relacionada, unicamente, à distribuição física que, por sua vez, conforme definido por Norman Gaither e Greg Frazier,

> consiste na remessa de produtos acabados através de um sistema de distribuição, que é uma rede de pontos de embarque e recebimento que se inicia com a fábrica e se encerra com os clientes [Gaither e Frazier, 2004:440].

Esta, portanto, é a ideia central: fazer com que o bem chegue ao consumidor; o deslocamento físico do produto, de um ponto a outro. Entretanto, para Ching (2010:147), a distribuição tem um papel mais funcional e abrangente, já que:

> trata das relações da empresa-cliente-consumidor, sendo responsável pela distribuição física do produto acabado até os pontos de venda ao consumidor e deve assegurar que os pedidos sejam pontualmente entregues.

Essa visão nos parece mais acertada, porque vai ao encontro do entendimento de Bowersox (1985 apud Ballou, 1993:17-18), ao afirmar, já naquele tempo, que "não é a organização [da distribuição física] que tem importância crítica e sim sua filosofia de operação". Essa interpretação permite enxergar que o desempenho da organização pode influenciar o resultado final.

Desse modo, percebe-se que, como temos frisado, o grande desafio para as empresas, desde aquela época (e, com o passar dos anos, cada vez mais), é garantir a competitividade, a sobrevivência em um mercado em que a extrema rivalidade entre as organizações direciona o alinhamento de estratégias e a formação de parcerias, o que sinaliza a necessidade de que haja uma integração maior e se identifica com o conceito de gerenciamento da cadeia de suprimentos (SCM).

Localização

Uma das mais complexas equações que devem ser encontradas em logística e, particularmente, na distribuição, diz respeito à localização dos armazéns, de modo geral e, particularmente, aos centros de distribuição (CDs), porque, ao final, representarão a solução para dois problemas cruciais: os custos gerados, já que redundarão em custos devidos à sua própria construção, operação e manutenção, e o nível de serviço proporcionado aos clientes, uma vez que terão influência direta no prazo de atendimento dos pedidos.

O exemplo da agricultura ilustra o quanto a logística é vital para o desenvolvimento econômico de uma nação e o reflexo que isto tem na qualidade de vida de seus cidadãos, evidenciando o papel vital da localização dos produtores e dos componentes do sistema de escoamento no processo de distribuição. A safra agrícola percorre uma longa distância entre o campo e os centros urbanos. Sem uma logística eficiente, muito se perde pelo caminho. A capacidade de escoar a produção agrícola de forma produtiva e econômica torna os alimentos disponíveis a um custo razoável e em condições adequadas para o consumo, o que será realizado tão mais eficientemente quanto mais efetiva for a distribuição. Certamente, essa conveniência eleva o padrão de vida da população, proporcionando o acesso àqueles bens.

Assim, tudo que se refere à logística e aos seus movimentos passa a ser um assunto de interesse de todas as organizações que oferecem bens e serviços; todas têm de enfrentar algum tipo de desafio se pretendem atender a demanda de seus clientes. Problemas logísticos sempre vão existir enquanto houver uma separação geográfica entre as fontes de suprimentos, de produção e dos centros de consumo. A figura 8 ilustra os movimentos descritos.

Figura 8
Movimentos logísticos

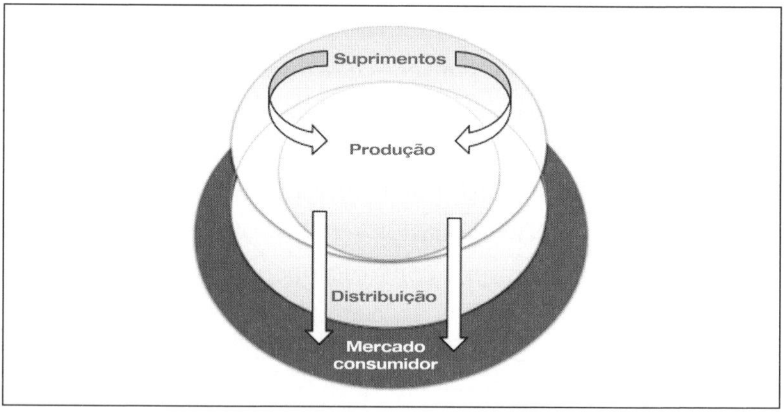

De acordo com Ballou (2008), a localização é determinada por fatores fundamentais: econômicos, no caso de fábricas e armazéns, ou de receitas geradas, quando relacionados ao varejo. Para uma empresa, os problemas logísticos começam, normalmente, com a necessidade de trocar informações com clientes e fornecedores e terminam com a dificuldade de movimentar bens e serviços dos pontos de origem ao ponto de consumo. As soluções encontradas por uma organização para resolver esses problemas compõem o que é chamado de processo logístico.

No processo logístico, deve ser considerado o conceito de custo total, ou seja, todos os custos relevantes envolvidos no processo logístico devem ser reconhecidos e examinados de forma coletiva. Significa, na prática, a soma dos custos na equação de custo total.

A definição do processo se dará por meio da análise *trade-off* (ou troca compensatória), que consiste em identificar os custos que são conflitantes e buscar um equilíbrio ótimo que minimize o custo total e que tenha influência direta no nível de serviço, como pode ser observado na figura 9, que contempla, inclusive, o custo de vendas perdidas, que naturalmente decai à medida que aumenta o nível de serviço.

Figura 9

Determinação do nível de serviços ao cliente

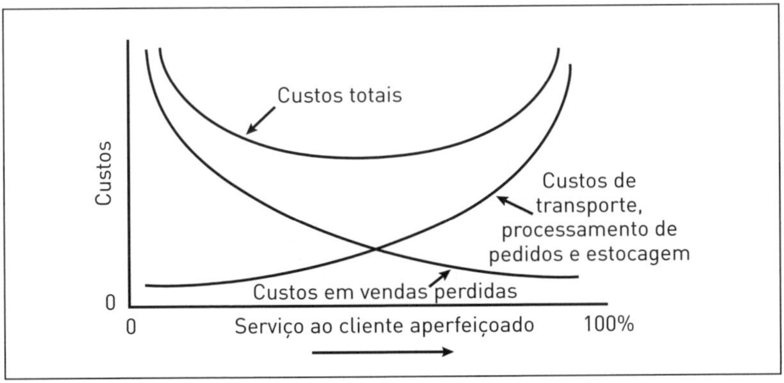

Fonte: Ballou (2008:58).

A aplicação desses conceitos é um dos primeiros passos na busca por uma integração da logística. Contudo, outras mudanças também são necessárias, como a alteração das práticas gerenciais e a redefiniçao da estrutura organizacional.

Mudanças nas práticas gerenciais implicam a adoção de novas tecnologias de gestão, com ênfase nas ferramentas de planejamento e no uso da tecnologia da informação.

A redefinição da estrutura organizacional significa definir novas funções, responsabilidades e supervisão. O esforço deve ser no sentido de obter a máxima cooperação e coordenação entre as várias áreas funcionais. Consequentemente, é provável haver ajustes na estrutura hierárquica e nos organogramas.

A logística proporciona às organizações procedimentos altamente eficazes, principalmente contra o desperdício, a quebra de estoques e a otimização dos transportes, possibilitando um maior controle dos custos e fornecendo diferenciais frente aos concorrentes. Além disso, é vista como uma atividade operacional estratégica, que envolve todos os departamentos de uma organização: suprimentos, produção, finanças, contabilidade e tributação, vendas e marketing. Entretanto, se for necessário, outros departamentos e áreas poderão e deverão fazer parte desse planejamento.

A distribuição e o composto de marketing

No marketing, um ponto fundamental para que as ações planejadas sejam bem-sucedidas é que elas tenham sido desenvolvidas com o foco do cliente. Assim também deve ser na distribuição.

É importante que se compreenda que a distribuição tem por objetivo efetivar a chegada dos bens ao consumidor: quanto mais eficiente a distribuição, mais eficiente será a empresa. Do ponto de vista logístico, o que significa foco no consumidor? Significa ser eficiente, servindo o cliente do modo que ele deseja ser servido, entregando o produto onde, quando e da forma que ele quer receber.

Os pilares sobre os quais se sustenta o marketing, isto é, o conjunto básico de elementos que dão suporte às estratégias de marketing, são conhecidos como os 4 Ps, ou composto de marketing, ou, ainda, marketing mix. São eles:

- *produto* – deve ser desenvolvido um produto que vá ao encontro das necessidades do consumidor, de modo que, obviamente, haja mercado para ele;
- *preço* – o preço final do produto nas gôndolas, fruto de uma composição de custos e margens, deverá ser tal que permita que ele seja competitivo, isto é, que mantenha condições de concorrer com os similares, de outras empresas de mesmo posicionamento;
- *praça* – o local onde o produto será comercializado. Do ponto de vista do consumidor, está vinculado ao modo como o cliente (e que cliente) chega aos seus produtos; diretamente relacionado, portanto, ao público-alvo;
- *promoção* – ações levadas a efeito que têm por finalidade promover, divulgar a marca junto aos consumidores, alavancando as vendas.

Uma análise mais apurada sobre os 4 Ps permite observar que a logística tem influência, direta ou indireta, sobre todos eles, mas, particularmente, a distribuição está intrinsecamente relacionada ao P de praça, uma vez que ela é responsável pela disponibilização dos produtos nos PDVs.

De nada adianta entender o mercado, identificar os públicos-alvo, quais os produtos a eles indicados, onde comercializá-los e, ao final, não manter abastecidas as lojas. Daí o entendimento de "praça", do termo inglês *placement*, que em tradução livre é local, mas também deve ser entendido como colocação (no mercado) e como uma concreta analogia à distribuição.

Tecnologia da informação e comunicação

Os avanços ultrarrápidos da tecnologia da informação estão impactando de forma direta e indireta tudo o que se refere a movimentos logísticos. O que antes parecia um sonho distante, utopia, hoje se mostra, cada vez mais, possível de ser realizado ou, no mínimo, de ser estudado, desenvolvido e testado, para se decidir ou não, ao final, sobre a viabilidade de sua aplicação.

Além disso, temos uma infinidade de atividades e aplicações específicas, que fazem com que os padrões predeterminados, que serviam de modelo às operações, deixem de ser o único objetivo a ser perseguido dentro da distribuição. Como exemplo, podemos citar drones, pequenos veículos aéreos guiados por telecomando, que auxiliam desde o lançamento de um míssil numa guerra, até a entrega de uma pizza ou um buquê de flores. De forma geral, a tecnologia visa reduzir o custo de fazer negócios e/ou elevar a produtividade operacional.

Não existe uma regra específica sobre o que aplicar. Empresas como a Souza Cruz, AmBev, Coca-Cola utilizam roteirizadores para, diariamente, programar a entrega de seus produtos considerando o número de notas emitidas, endereço, volume e localização *versus* quantidade e tipo de veículos a serem utilizados para ter o máximo aproveitamento possível da cubagem disponível. Isso é o que se chama "fazer mais com menos".

A Dell, outro exemplo, utilizou os sistemas de tecnologia para integrar a cadeia mundial de fornecedores e entregar ao consumidor final um computador customizado (de acordo com a necessidade dele) ao melhor preço de venda possível e com o menor custo possível para ela, porque os estoques não lhe pertenciam, e sim aos fornecedores, que tinham de administrar o custo da obsolescência (velocidade com que uma nova tecnologia substitui a anterior). Na época, esse modelo deu a ela o posto de número 1 de fabricante de computadores no mundo.

Neste tópico, buscaremos demonstrar como a tecnologia da informação e comunicação (TIC) pode otimizar qualquer atividade que se relacione à logística, direta ou indiretamente, e como a agilidade gera vantagem competitiva perante o mercado.

Um item que afeta a receita e o custo de um negócio é a excelência na gestão e movimentação dos estoques. O excesso imobiliza o caixa da empresa e a falta acarreta perda de receitas; portanto, os sistemas devem focar o estoque e os movimentos para minimizar os efeitos indesejáveis e maximizar o nível de receita que uma organização pode obter. Claro que devemos também focar diversos outros sistemas que compõem o ecossistema empresarial dando o suporte requerido pela empresa e que serão aqui abordados.

Quando falamos de estoques, pensamos o que devemos fazer para administrá-los da melhor forma possível. Para isso, é importante prever a demanda (consumo) e começar a prever a compra de matéria-prima, a produção, estocagem e a movimentação do produto acabado. Para exemplificar, algumas organizações utilizam a metodologia conhecida como S&OP (*sales & operations planning*). Essa metodologia busca entender, por meio de dados de pesquisa, informações internas e de mercado, qual seria o consumo ideal e, assim, programar sua cadeia de suprimentos para atender a demanda da melhor forma possível, ou seja, cumprir com os objetivos determinados no planejamento estratégico da organização. Esse método é muito conhecido, e hoje está diluído e difundido entre milhares de sistemas disponíveis no mercado de "aplicativos" de informação e apoio à logística.

Uma das primeiras, se não a primeira tecnologia utilizada, que revolucionou a logística e seus processos de gestão, foi o código de barras, que nada mais é do que uma a descrição das principais informações de um produto por meio de uma composição de barras padronizadas que, lidas por um equipamento leitor e seus componentes, decodificam a informação e as transformam na linguagem compreendida pelos consumidores.

Apesar de o código de barras continuar a ser utilizado largamente por toda a cadeia distributiva, hoje contamos com uma nova tecnologia conhecida como QR *code*. Trata-se de uma etiqueta que utiliza o mesmo princípio tecnológico, porém apresentando códigos bidimensionais que suportam maior volume de informações. Ainda, apesar de já empregadas largamente na indústria, as etiquetas RFID (*radio frequency identification*), ou identificação por radiofrequência, proporcionam maior velocidade, controle, exatidão com mínima interação humana, sempre com o objetivo de reconhecer o produto e todas as informações desejadas ou necessárias sobre ele.

Analisaremos, neste capítulo, as tecnologias disponíveis para o conhecimento detalhado do produto, atividades, características e informações do produto, considerando que a comunicação e interação entre os pontos (quem passa e quem recebe a informação) são muito importantes em todo o processo. Como os sistemas de distribuição fazem parte de uma cadeia (ecossistema empresarial de gestão baseado em tecnologia), veremos também alguns outros sistemas que se integram ao processo distributivo e aumentam significativamente a eficiência da gestão total sobre o negócio.

Código de barras

Entre as tecnologias disponíveis, o código de barras apresenta uma grande vantagem em relação às demais, por sua versatilidade, confiabilidade e, principalmente, por reduzir significativamente o custo da operação, fato este já mencionado.

Com as informações trafegando pela rede de coleta de dados de forma *on-line* (em tempo real), ou seja, no momento da leitura do código de barras nos coletores, a base de dados no sistema de retaguarda vai sendo atualizada imediatamente.

Um sistema de código de barras pode ser tão simples como uma caneta ótica conectada entre a CPU de um microcomputador e o teclado, de forma que os dados são capturados instantaneamente, como se tivessem sido digitados pelo teclado, ou pode se mostrar bem mais complexo, como uma rede completa e integrada ao sistema de retaguarda, com muitos leitores de código de barras, coletores fixos ou portáteis, impressoras e terminais conectados *on-line* e em *real-time* a um microcomputador em rede e/ou *mainframe*, por meio de uma controladora, via cabos ou radiofrequência. Não é qualquer *scanner* que consegue ler qualquer tipo de código de barras; os leitores ópticos devem estar habilitados para leitura a fim de poderem interpretar um código de barras.

O código de barras proporciona os seguintes principais benefícios:

- redução de mão de obra;
- eliminação de processos manuais;
- eliminação de erros humanos;
- redução dos custos operacionais;
- aumento da produtividade.

Na figura 10 temos um exemplo de código de barras.

Quando um consumidor, em uma farmácia, por exemplo, entrega o produto ao caixa e o atendente passa o leitor pelo código de barras, ele está, automaticamente, transmitindo um conjunto de informações para diversas áreas da empresa, tais como: logística, finanças e comercial, entre outras, possibilitando às equipes uma análise mais profunda das informações e elaboração de planos e de tomadas de decisões mais rápidas e acuradas.

Figura 10
Código de barras

Fonte: <https://codigosdebarrasbrasil.com.br/como-coacutedigos-de-barras-funcionam.html>. Acesso em: 28 jun. 2017.

QR *code*

Código QR (sigla do inglês *quick response* ou resposta imediata), se refere a um código de barras de duas dimensões (bidimensional) que pode ser utilizado com muita facilidade por câmeras de celulares equipadas com esse padrão de *hardware/software* específico.

Esse código pode ser convertido em texto (interativo), um SMS, um endereço URI, um número de telefone, uma localização georreferenciada, ou em um *e-mail*, transportando o usuário para uma página de informações, que pode ser de marketing, de informações técnicas, um filme ou até mesmo para emulação de um programa de mensagens como o WhatsApp, que o utiliza para transferir, com certas limitações, o sistema do celular para a tela do seu computador. Basta, para tanto, buscar as instruções na internet <https://web.whatsapp.com/>.

O primeiro usuário conhecido foi a indústria automobilística, tratando de buscar um sistema que fosse simples como código de barras e que conferisse mais informações e velocidade ao processo. Atualmente ele é utilizado também no controle de inventários, para registrar endereços e URLs (*uniform resource locator* ou endereços de localização utilizados na internet), em leitura direta sobre informações de produtos (como vinhos, por exemplo, ou em campanhas publicitárias em revistas e propagandas impressas), bem como informações pessoais detalhadas, tais como inserção em banco de dados (aplicativos de celular) por meio de um cartão de apresentação pessoal ou empresarial com o QR *code*, entre outras aplicações.

O usuário faz a leitura do código via câmera do celular e os dados vão diretamente para os contatos. Aqui, vale lembrar, nem sempre os dados são totalmente transferidos e o padrão ortográfico será respeitado, em função do *software* que recebe a informação no aplicativo, conforme pode ser visualizado na figura 11.

Figura 11
QR *Code*

Fonte: <https://web.whatsapp.com/>. Acesso em: 25 jun. 2017.

RFID (*radio frequency identification*)

A radiofrequência é a tecnologia que está mudando a performance dos negócios. A identificação dos dados por meio dela, além de manter os benefícios do código de barras, possibilita aumentar mais ainda a interação das atividades e processos de uma cadeia de abastecimento até o produto ser adquirido pelo consumidor final. A tecnologia utilizada é a transmissão dos dados por ondas eletromagnéticas (radiofrequência), como se fosse um código de barras em frequência. Existem diversas formas e aplicações, porém a mais empregada é a etiqueta adesiva (*tag*) e um equipamento leitor. As etiquetas podem ser ativas ou passivas. As ativas (que possuem baterias) enviam e recebem frequências de informações do equipamento leitor transmissor. Já no caso da etiqueta passiva (figura 12), ela somente emitirá frequência de informações quando acionada pelo equipamento leitor transmissor.

Figura 12
RFID

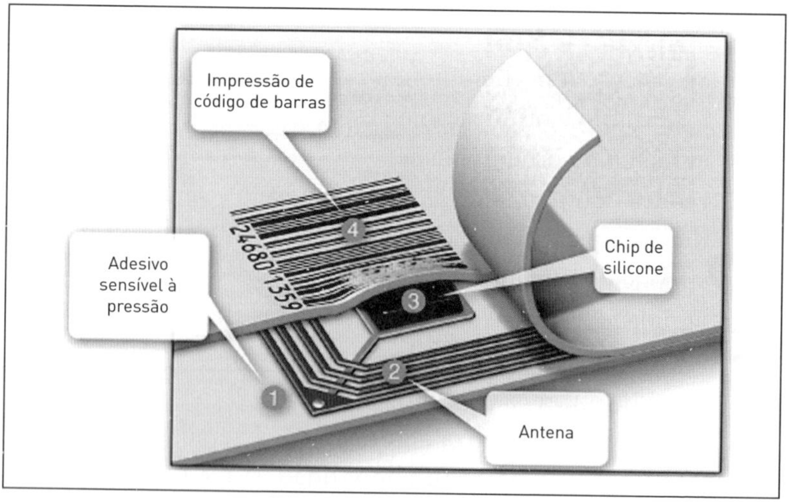

Fonte: <http://skyrfid.com/RFID_Label_Tag.php>. Acesso em: 25 jun. 2017.

A tecnologia RFID tem diversos tipos de aplicação, tanto na área logística quanto em outras áreas, empresariais ou não, além de possibilitar a interação com o cliente, registrando seus dados e permitindo ações de CRM (*customer relationship management*: estratégia de gerenciar os negócios com foco no relacionamento com os clientes), com a finalidade de ampliar a experiência de compra nos PDVs. Vejamos algumas:

- controle de entrada e saída de veículos de um estacionamento;
- identificação pessoal por meio de um crachá;
- controle hospitalar de um equipamento ou mesmo de um paciente (pulseira para bebê recém-nascido);
- controle e localização de itens estocados;
- controle da movimentação de itens numa linha de produção;
- controle de animais (gado);
- rastreabilidade de produtos em geral.

Entre os principais benefícios das etiquetas RFID, podemos relacionar:

- automação (em conjunto com código de barras);
- localização e otimização de espaço;
- aumento da produtividade;
- redução do tempo de *picking* (manuseio e separação de pedidos de produtos);
- simplicidade e portabilidade;
- agilidade (processamento em tempo real);
- zero erro – precisão total.

A radiofrequência utiliza algumas ações geradas pelo código de barras e agrega outras funcionalidades, traduzindo-as nos benefícios aqui apresentados. Entretanto, podemos afirmar que a radiofrequência tem algumas vantagens adicionais em relação ao código de barras, como pode ser visualizado no quadro 3.

Quadro 3
Comparação entre RFID e código de barras

Características	RFID	Código de barras
Formatos	Variados	Etiquetas
Exige contato visual	Não	Sim
Vida útil	Alta	Baixa
Leitura simultânea	Sim	Não
Dados armazenados	Alta	Baixa
Funções adicionais	Sim	Não
Segurança	Alta	Baixa
Custo inicial	Alto	Baixo
Custo de manutenção	Baixo	Alto
Reutilização	Sim	Não

Fonte: <www.gta.ufrj.br/grad/07_1/rfid/RFID_arquivos/prosecontras.htm>. Acesso em: 25 jun. 2017.

ERP (*entreprise resourcing planning*)

Para melhor entender o que vem a ser, por definição, um ERP ou, traduzindo em português, sistema de gestão empresarial, temos de remontar ao término da II Guerra Mundial e à necessidade de as empresas se voltarem para os mercados a fim de atender a gigantesca demanda que iria se formar. Para isso, foi necessária a formação de enormes volumes de estoque, e as empresas de tecnologia já então ofereciam o primeiro sistema de controle produtivo de baixa de integração denominado MRP (*material requirement planning* ou planejamento dos recursos da produção). Esse sistema consistia em administrar os estoques, desde a compra até a prontificação do produto final, em todos os processos envolvidos, visando ter um mínimo controle sobre os estoques finais e, assim, programar o abastecimento do mercado consumidor de forma mais assertiva.

O sistema, num primeiro momento, baseou-se no que foi definido como "produção empurrada", ou seja, estimar a demanda, produzir essa mesma estimativa e abastecer os diversos intermediários ao longo da cadeia com esses estoques, garantindo assim que o cliente final no varejo (ponto de venda) pudesse ter o produto disponível para compra.

Como todo sistema de tecnologia, ele evoluiu para um novo modelo, chamado MRPII (*manufaturing resource planning*), que nada mais é do que o primeiro sistema, porém totalmente integrado aos fornecedores de matéria-prima e aos novos conceitos industriais, como o *just in time*, por exemplo, sistemas esses que procuravam, por meio de suas metodologias, dar ritmo contínuo ao abastecimento de matéria-prima, insumos e componentes na própria linha de montagem, reduzindo o desperdício de materiais, o tempo de produção e os estoques, desde os fornecedores até a produção propriamente dita, agilizando o tempo de resposta ao consumidor.

O próximo passo foi o ERP, que nada mais é do que a evolução dos modelos anteriores, reunindo, em um sistema central de gestão, pacotes de sistemas de informações setoriais em formato de módulos, que podem ser adicionados ou retirados, e que buscam automatizar as diversas entradas de dados em diversas áreas da organização por meio de processos claros, definidos e desenhados para elevar o ganho da produtividade e a gestão, aumentando o controle geral sobre as operações da organização.

Como tema central, o conceito é ter um sistema gerencial inteligente, com um único banco de dados, também chamado de repositório, visando integrar os diversos departamentos da empresa, cotejando, em tempo real, as informações de cada setor que estiver interligado, para apoio à decisão.

A figura 13 apresenta a configuração básica de um sistema ERP.

Figura 13
ERP

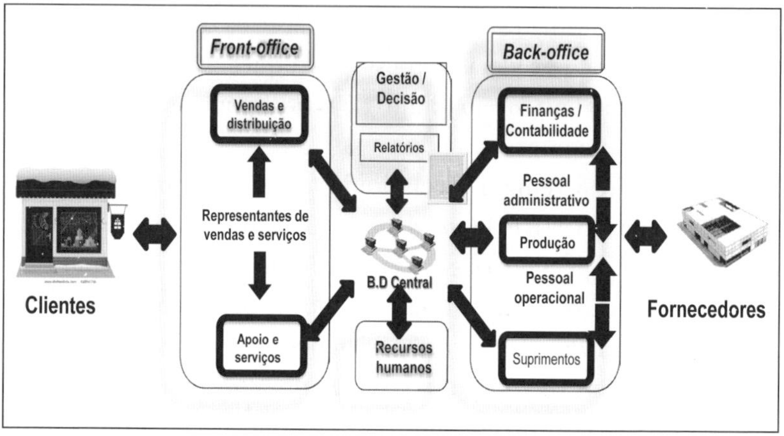

O ERP busca a plena otimização dos recursos empresariais, estabelecendo processos, auxilio à tomada de decisões, planejamento empresarial e orçamentário, oferecendo uma visão geral e integrada do negócio por meio de acesso rápido e preciso às informações.

O uso dos sistemas ERP vem crescendo de modo exponencial, principalmente ligado aos fatores relacionados à globalização e à redução de seus custos de implementação.

A esse respeito, temos exemplos importantes da utilização de ERP, não apenas no âmbito interno da própria organização, mas entre empresas, como no caso do Walmart, em que o sistema integra as informações de vendas de fraldas obtidas nas caixas registradoras com a Procter & Gamble, com o objetivo de reduzir os estoques nas lojas e otimizar as linhas de produção por meio de um acompanhamento mais preciso da demanda.

Iniciativas dessa natureza tendem a proliferar, já que a internet e a banda larga estão construindo uma avenida de troca de informações que nos levará a um novo patamar de integração tecnológica entre as organizações. A figura 14 procura demonstrar a aplicação do conceito aqui exposto.

Figura 14
Visão sistêmica e integrada de uma cadeia de suprimentos e o ERP

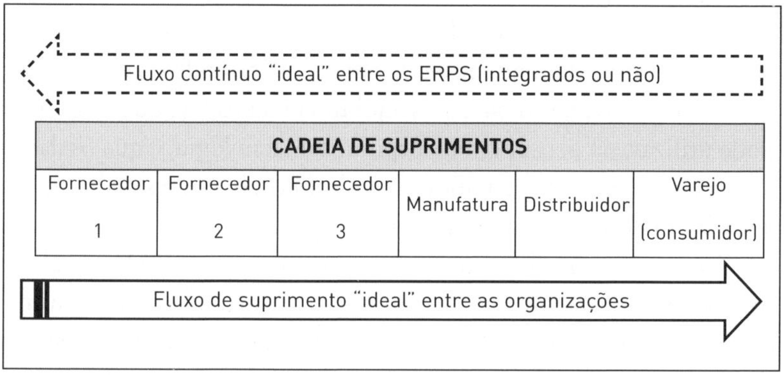

O ERP pode ser útil no planejamento logístico das organizações, processando a demanda por meio do faturamento, controlando o *mix* de venda, auxiliando outros sistemas na otimização do transporte, gerenciando custos gerais dos processos (fazer mais com menos), reduzindo ou aumentando estoques de acordo com as estratégias definidas e o nível de serviço desejado.

Uma pergunta, de ordem prática, que sempre vem à tona quando falamos sobre ERP é: é obrigatório ter um sistema ERP para se ter o controle logístico? A resposta é não. Dependendo do tamanho da operação não é necessário ter um sistema completo, com todos os seus módulos e informações. Hoje em dia, o mercado mundial e o nacional oferecem inúmeras possibilidades, desde um módulo específico de logística até um sistema completo.

Lembre-se: tudo vai depender de suas necessidades, de sua estratégia e de seu planejamento.

CRM (*customer relationship management*)

Muito tem se falado sobre o CRM (sistema de gestão do relacionamento com o cliente), mas não faremos uma abordagem profunda sobre ele neste capítulo, pois se trata de uma estratégia superior que compreende outros objetivos da organização, que estão relacionados a marketing, vendas, relações corporativas, entre outros departamentos, dependendo dos objetivos individuais de cada organização. Entretanto, faremos aqui uma menção, já que a empresa pode utilizar, ou pensar em incorporar tal tecnologia, e que os dados captados no canal de distribuição em muito podem contribuir para a melhoria do relacionamento com os clientes, otimizando a gestão.

Como o termo diz, buscamos, por meio do CRM, a melhor forma de nos relacionarmos com nosso cliente, seja um consumidor ou um fornecedor. O que ele possibilita é que nos municiemos com informações mais específicas, auxiliando a organização a mudar de patamar no relacionamento direto com o cliente. Assim, torna-se possível desenvolver ofertas customizadas, lembrar a data de aniversário e estabelecer uma atividade de reconhecimento ou recompensa do relacionamento, estudar planos de serviços pós-venda, entre infinitas possibilidades.

WMS (*warehouse management system*)

O WMS (sistema de gerenciamento de armazéns) é um sistema que controla todas as atividades ligadas à logística de movimentação, guarda, armazenagem, endereçamento e, em alguns casos, de separação prévia de produtos (*picking/handling*), e *cross docking* (método de manuseio/armazenagem, pelo qual os produtos são previamente separados e posteriormente agrupados para carregamento), entre outras. Além disso, quando integrado a outros sistemas, inúmeras outras possibilidades podem existir ou ser criadas, como o carregamento de veículos de acordo com um roteiro previsto de entrega, elaborado por outro sistema específico.

O objetivo final do sistema é informar, no menor tempo possível, o exato estoque de qualquer produto, a qualquer hora em qualquer lugar, direcionando o endereçamento para sua guarda ou retirada. Convidamos o leitor a pensar na complexidade que seria administrar um comércio eletrônico, por exemplo, se não tivéssemos um sistema desse nível para dar o suporte necessário às operações, imaginando a gestão de seus múltiplos e numerosos estoques. Para citar um só exemplo, o Sistema Americanas e Submarino já ultrapassou, no ano de 2016, mais de 1 milhão de itens sob gestão direta ou indireta.

Um sistema WMS básico trabalha com o conceito de endereçamento de produtos, ou seja, a localização de cada item necessária para sua movimentação no tempo certo. A tecnologia RFID vem ajudando muito a otimizar os espaços, outro tema de fundamental importância para um WMS, pois permite ocupar um mesmo espaço com itens diferenciados.

Para colocar em marcha um centro de distribuição, precisamos então:

- WMS;
- endereçamento (andar, prateleira, caixa, rua, avenida, corredor, entre outros);
- número de itens;
- especificações especiais de armazenamento.

Além das atividades básicas, um WMS também deve poder gerenciar os diversos tipos de embalagens que serão manuseadas ao longo do processo, sejam embalagens-padrão de produto, embalagens de proteção ou embalagens de transporte. Podemos destacar também, entre outras atividades não mencionadas, manuseio de outros produtos, roteirização, expedição e, finalmente, o registro de todas as ações realizadas dentro de um centro de distribuição (CD).

No tocante à expedição dentro de um CD, o WMS deve gerenciar a embalagem final de entrega do produto, as informações inerentes aos produtos, endereço de entrega, peso total da embalagem, formato da embalagem, além de transmitir aos demais sistemas integrados todas as informações de caráter logístico, financeiro, contábil, fiscal, distributivo (transporte: rota e tipo – baú, caminhão, van).

Como podemos notar, são infinitas as aplicações que podemos ter, incorporar ou integrar a um WMS. A decisão de quais serão implementadas vai depender da operação da empresa e de sua necessidade de acompanhamento operacional. Voltamos, aqui, a um ponto importante mencionando anteriormente: um WMS pode ser utilizado sem outro sistema integrado; isso dependerá das necessidades levantadas pela empresa. A figura 15 apresenta um modelo de endereçamento adotado por WMS.

Figura 15

Endereçamento por WMS

Fonte: <www.guiadoexcel.com.br/mapa-de-estoque-excel-logistica-wms/>. Acesso em: 29 jun. 2017.

Como apresentado, existe um padrão seguido pela indústria, porém os sistemas podem ser customizados de acordo com a necessidade operacional da empresa. Quanto maior for a acurácia quanto ao endereçamento dos produtos dentro de um CD e no WMS, maiores serão os benefícios em termos de velocidade e redução de erros (tendendo a zero).

TMS (*transportation management system*)

O TMS (sistema de gerenciamento de transporte) é um *software* para melhoria da qualidade e produtividade de todo o processo de distribuição. Esse sistema permite controlar toda a operação e gestão de transportes de forma integrada. No início, operava por meio de redes de satélites, mas hoje já se utilizam, também, redes de antenas em terra empregando tecnologia celular, entre outras. Como nos sistemas anteriores, pode trabalhar de maneira independente, ou seja, não integrada, ou integrada a um WMS, ERP ou a qualquer outro sistema que a empresa entenda ser necessário e para o qual exista compatibilidade de integração.

Lembre-se: como regra, nunca integre um sistema se o custo da integração ultrapassar 20% do valor da customização. Isso é muito importante, porque quando for necessário realizar uma atualização (*upgrade*) do sistema, você não terá de se preocupar com o custo dessa nova atualização.

Como no WMS, o TMS pode, também, emitir uma listagem de peso bruto a carregar, quantidade de caixas ou volumes manuseados, peso total e individual, além de formato *versus* cubagem em peso/espaço ocupado.

O funcionamento do sistema TMS se dá da seguinte forma: ele recebe todos os dados de entrada possíveis, disponíveis ou definidos pela empresa. Geralmente, o sistema recebe as informações sobre a rede logística:

- itinerários;
- pontos de apoio e paradas – rastreadores;

- pontos de geolocalização (incluindo pontos cegos) cobertos por outras tecnologias;
- escalas e turnos;
- tempo de viagem programado;
- itinerário planejado, horários de paradas e horário de entrega;
- com relação à segurança física: constará plano específico sobre os tipos de escolta. Do próprio TMS é possível bloquear as portas do veículo, por meio de um comando da central de controle e vigilância, além de outras informações técnicas, como consumo médio, modo de dirigir, forma de frenagem, paradas fora dos locais estabelecido nos planos, consumo médio do veículo, entre outras que se fizerem necessárias;
- recursos que serão utilizados ao longo do percurso: financeiros, humanos, físicos e técnicos;
- modais de transporte utilizados;
- tamanho e tipo da frota;
- restrições quanto à capacidade, horários, principalmente em centros de cidades de maior porte (obrigatório consultar legislação local);
- capacidade dos veículos.

Existem inúmeras informações que o TMS gerencia, e ele geralmente está apto a se adaptar às mais complexas situações.

Lembre-se: nunca deixe de ter um profissional experiente que conheça profundamente o sistema para tirar dele o máximo proveito. Além disso, como no caso do WMS, o sistema deve ser adaptável à necessidade da empresa. Se for superdimensionado, não trará vantagens adicionais.

Roteirizador

Um roteirizador é uma ferramenta tecnológica que trabalha de forma diária e inteligente com as informações coletadas da força de vendas, distribuição e censo de negócios (mapeamento por meio do levantamento geográfico das informações dos pontos de vendas) comprada de terceiros, para organizar o roteiro/itinerário de entrega de produtos por meio de frotas de veículos. Analisa, por intermédio de algoritmos específicos, a quantidade de cargas (pedidos) a serem entregues no dia *versus* a disponibilidade da frota, a cubagem dos veículos, os itinerários a percorrer e a necessidade de segurança para escolta dos carros de entrega, entre outras variáveis que podem ser programadas para atender necessidades específicas. Tem como objetivo calcular o melhor aproveitamento da frota otimizando a entrega para fazer mais com menos, evitando redundâncias.

Os roteirizadores podem fazer parte de um WMS ou TMS, ou até de um ERP que tenha um módulo de logística que possibilite sua programação. A figura 16 demonstra o objetivo simplificado dos roteirizadores, apresentando rotas percorridas com diversos pontos de entrega.

Figura 16
Objetivo do roteirizador

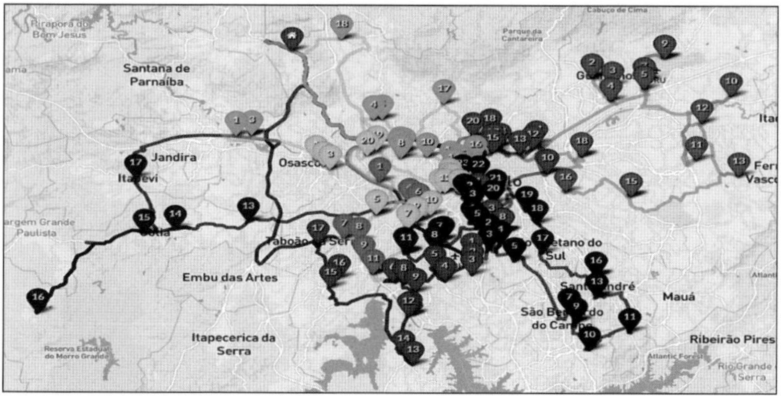

Fonte: <http://blog.routeasy.com.br/roteirizacao/beneficios-da-roteirizacao-na-pratica/>. Acesso em: 29 jun. 2017.

EDI (*electronic data interchange*)

O EDI é a troca eletrônica de documentos, via sistemas de informática, entre duas ou mais organizações, de forma padronizada. Tem como um dos principais objetivos, ao substituir o fluxo de papéis entre elas, agilizar e reduzir os custos dos processos mercantis, eliminado erros humanos. Visa estabelecer uma troca rotineira de informações que facilite as transações operacionais das empresas envolvidas, tais como envio de pedidos, de faturas, lista de produtos.

A figura 17 demonstra a utilização de um sistema EDI entre a manufatura e diversos clientes, bem como seus diversos fluxos, utilizando a internet como plataforma de comunicação entre as empresas.

Figura 17
Funcionamento do EDI

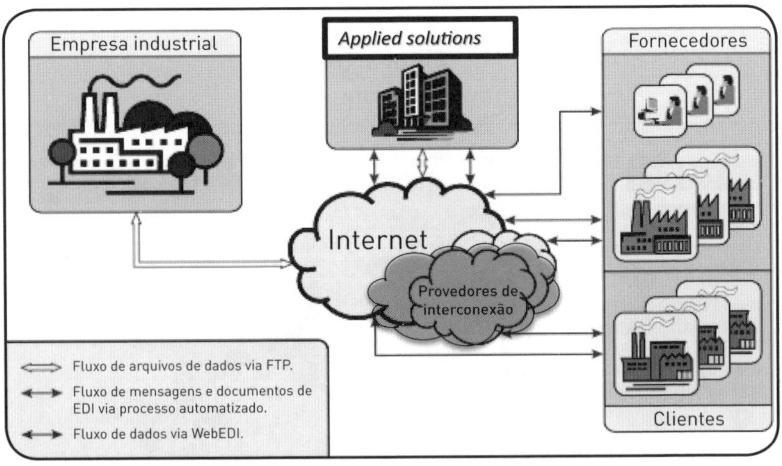

Fonte: <www.applied-solutions.com.br/?q=servicos>. Acesso em: 29 jun. 2017.

VMI (*vendor managed inventory*)

O VMI é um sistema que permite que o inventário do cliente seja gerenciado pelo fornecedor. Trata-se de um método de reposição contínua, em que as informações sobre as variações de estoque da loja são passadas, em tempo real, para o fornecedor, que tem controle sobre o sistema. Ao atingir o nível de reposição (estoque mínimo), automaticamente e sem intervenção humana, o sistema gera um pedido, dando partida ao processo de atendimento.

Na prática, significa dizer que o fornecedor passa a ser responsável por manter os níveis de inventário do cliente em valores preestabelecidos.

Um exemplo do emprego VMI é o utilizado no reabastecimento de postos de combustível, visualizado na figura 18.

Figura 18
VMI em postos de combustível

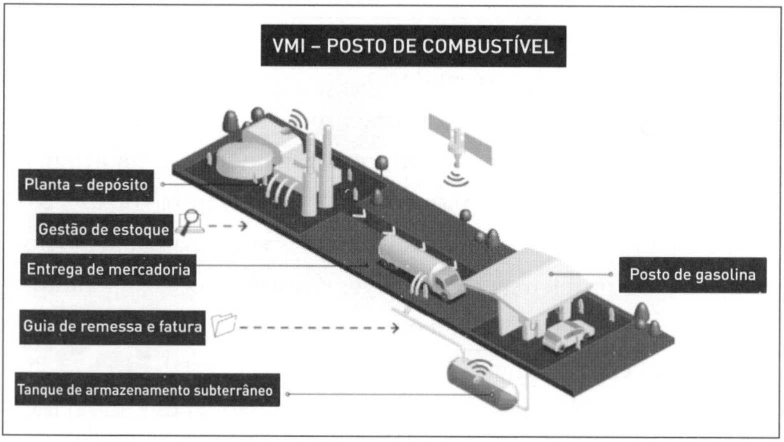

Fonte: <https://ortec.com/pt-br/dictionary/vendor-managed-inventory/>. Acesso em: 29 jun. 2017.

Como consequência principal, o consumidor, nesse caso, terá disponibilidade contínua de combustível, e o posto de gasolina fará o pedido de reposição do estoque automaticamente.

ECR (*efficient consumer response*)

ECR, ou resposta eficiente ao consumidor, é um movimento global no qual empresas industriais e comerciais, juntamente com os demais integrantes da cadeia de abastecimento (bancos, fabricantes de equipamentos e veículos, empresas de informática etc.) trabalham em conjunto, na busca de padrões comuns e processos eficientes que permitam minimizar os custos e otimizar a produtividade em suas relações.

É importante deixar claro que o ECR é uma filosofia de negócio que busca, por meio do emprego de processos específicos e de tecnologia, a máxima eficiência dentro da gestão da cadeia de suprimentos, porém com o foco voltado para as operações logísticas *outbound* (distribuição física do produto) e para todos os serviços que possam ser agregados, a fim de capturar informações do consumidor, dentro do ponto de venda, na hora da compra (*the unique moment of consumer truth* ou, em tradução aberta, "o momento único da verdade do consumidor").

ECR não é um *kit* pronto, um conjunto de ferramentas que, se implantadas, permitem à empresa considerar-se habilitada e preparada para sempre. Na realidade, é mais uma filosofia, ou talvez uma postura de negócios na qual as empresas se dispõem a compartilhar problemas, dificuldades e informações, implantando em conjunto as melhores soluções possíveis, dentro de seu contexto operacional e estratégico.

O conceito de qualidade, bem mais tradicional em nosso meio empresarial, talvez sirva como paradigma; as necessidades e a tecnologia estão em constante mutação, exigindo da empresa um movimento proativo constante, incorporando novos valores, a cada instante, de modo a preservar sua competitividade, mantendo-se viva aos olhos do consumidor.

Aquele que não acompanhar essa dinâmica, seja no ECR ou na qualidade, não incorporando tecnologia que garanta a confiabilidade de produtos e processos e o atendimento das expectativas do cliente, com certeza será alijado do mercado por concorrentes mais eficientes.

Os conceitos da ECR estão disseminados pelo mundo e buscam a excelência entre fornecedores, fabricantes, intermediários e consumidores.

A ECR está dividida em comitês que estudam continuamente a melhor forma de se relacionar com o mercado por meio de uma visão ganha/ganha, respeitando sempre a máxima eficiência entre os participantes, conforme pode ser visto na figura 19.

Figura 19

ECR

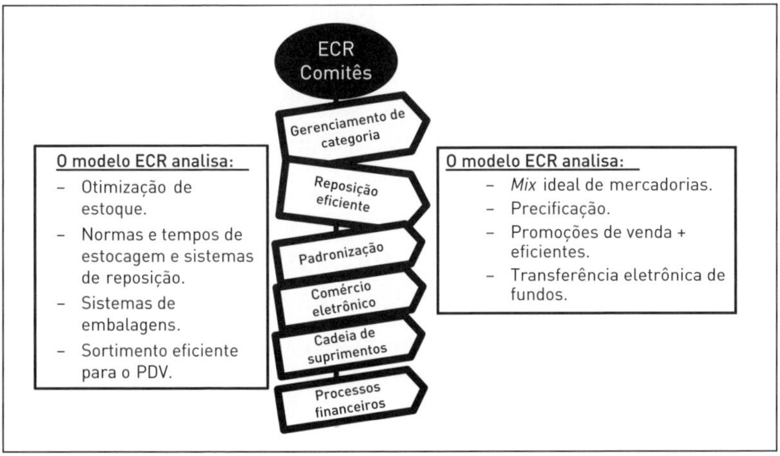

Fonte: ECR Brasil.

Vale ressaltar que a integração dos sistemas que estudamos traz para as organizações, fabricantes, intermediários e consumidores finais o melhor resultado possível, seja em termos de preço justo (consumidor), custo (produção), logística (fazer mais com menos) e receita (lucratividade almejada pela empresa).

3
Estrutura de avaliação dos serviços demandados pelo mercado

Quando observamos a comercialização dos bens, o que devemos ter em mente, de modo geral, é que o fabricante (ou prestador) estará sempre interessado em que seu produto (ou serviço), chegue da melhor maneira a seu cliente final. Portanto, deverá estruturar um canal de distribuição que faça com que isso aconteça. É importante que se tenha sempre, como entendimento primordial, que o foco da distribuição é o consumidor final, que tanto pode ser pessoa física quanto empresa (no caso de ser o utilizador final do produto, para consumo próprio ou para produção de outro bem e que, nesse caso, é chamado de consumidor industrial).

O modelo tradicional de distribuição contempla a utilização de intermediários alocados entre o fabricante e o consumidor final, uma vez que as providências necessárias para estar próximo ao cliente final e atendê-lo com eficiência envolvem consideráveis custos e esforços, que normalmente não estão ao alcance da maioria das empresas.

Este capítulo tem por objetivo analisar, com foco nas necessidades dos clientes, alternativas que proporcionem uma distribuição diferenciada e alavanquem a competitividade.

Os intermediários

Os intermediários, como visto no capítulo 1, são importantes membros do canal de distribuição que assumem dos fabricantes aquelas ações que, ordinariamente, seriam por eles executadas, mas que não fazem parte de sua *expertise*. Têm como natural característica atender com mais capilaridade (cobertura de mercado é a expressão comumente utilizada para explicar que, em determinada região, a maior parte dos intermediários existentes tem o produto em seu local disponível para a venda. Por exemplo: no bairro "X" existem 800 varejos e 95% desses varejos vendem o produto "Y". Isso demonstra que o produto está disponível no mercado e ao alcance de qualquer consumidor, possuindo alta capilaridade), atingindo um maior número de clientes e, no caso particular do varejo, o contato direto com o consumidor.

Um dos pontos de maior relevância quando estudamos o canal de distribuição se refere ao papel que o intermediário nele representa. Para isso, é necessário compreender que a *expertise* do fabricante é desenvolver e fabricar o produto. Por essa razão, ele estuda o mercado, pesquisa o consumidor, investiga nichos atendidos e por atender, e se decide pelo que produzir. Mas normalmente ele tem dificuldade em chegar até a ponta; ele não tem vocação natural para lidar com o consumidor e necessitaria de um grande esforço financeiro, operacional, estrutural e de comunicação, entre outros, para operar em toda a distribuição.

É de extrema importância que se compreenda que o papel fundamental desempenhado pelo intermediário no canal de distribuição é o de facilitador, ou seja, ele entra como um dos componentes da distribuição apenas para facilitar, para assumir as funções do canal ou promover os fluxos distributivos que, como dito, não são vocação natural, ou não fazem parte das especialidades dos fabricantes.

Tipos de intermediários

Existem vários tipos de intermediários que têm entre si similaridades e diferenças. O primeiro traço comum é que sempre compram para revender: agregam valor, do ponto de vista de serviço, como já tratado, mas não são transformadores, isto é, não modificam as características físicas dos produtos. Basicamente, as diferenças se fundamentam na posse, na propriedade e nas condições do relacionamento entre as partes.

Embora existam vários outros nomes com que são designados (representantes, agentes, *brokers*, *dealers*), para efeitos práticos vamos dividir os intermediários em quatro grupos principais: revendedores, distribuidores, atacadistas e varejistas.

Revendedores

Como conceito central, revendedores possuem sistemas de distribuição próprios para atender suas carteiras de clientes. As áreas potenciais de aplicação (produtos de consumo de massa) são: áreas de baixo poder aquisitivo, áreas de varejos abandonados em função do seu baixo volume de vendas, áreas de difícil acesso geográfico ou de alto risco/segurança física da equipe de distribuição.

Entre os parâmetros que devem ser observados, relativos ao seu desempenho, estão: condições de concessão das garantias que suportem o que está sendo vendido e distribuído, mais o estoque, além de assegurar que as condições de comercialização e distribuição da empresa sigam o padrão geral esperado e as políticas da organização. Preferencialmente, deveriam ser exclusivos.

Pontos fortes e vantagens:

- complementam a distribuição direta com um menor custo financeiro, mitigando riscos como inadimplência, por exemplo;

- podem atender varejos informais (sem CNPJ) por meio de convênios estaduais; e
- proporcionam alta flexibilidade na distribuição e na comercialização dos produtos e/ou serviços.

Riscos e desvantagens:

- concentram valores e volume de vendas (risco comercial). Por isso é importante que a empresa desenvolva um indicador (índice de vulnerabilidade), em conjunto com a área financeira, para medir o risco antes de tomar decisões de vulto;
- verticalização de marcas (*mix* de produtos). Tendem a vender o que o mercado compra e não o que a empresa pretende desenvolver, considerando marcas atuais e novos lançamentos;
- podem se tornar um canal alternativo para a concorrência (daí a atenção que deverá ser dada à confecção de um contrato);
- possuem baixa preocupação com produtos e serviços pós-venda;
- tendem a não se preocupar com a qualidade do produto, priorizando volume;
- inclinam-se a ser desorganizados no que se refere às operações, principalmente quanto à obtenção de informações do cliente, do mercado e dos concorrentes. Internamente, podem resistir a compartilhar informações de sua carteira de clientes;
- são propensos a ter um menor compromisso com os resultados e objetivos da empresa que representam;
- apresentam dificuldade de acompanhamento e supervisão, já que são empresas desvinculadas do fabricante (resistência ou falta de desejo de seguir as políticas e regras do negócio).

Geralmente atuam das seguintes formas:

- sem um itinerário estruturado, atendendo o cadastro de clientes vinculados à indústria;
- possuem recursos próprios de distribuição;
- costumam vender a prazo, tendendo a ultrapassar os limites estabelecidos.
- trabalham com uma margem menor, pois a dividem com o ponto final de vendas;
- são rígidos em relação à frequência de visitas para controlar os custos de distribuição.

Distribuidores

Os distribuidores têm um *modus operandi* muito parecido com o dos revendedores, entretanto assumem maiores responsabilidades, que são definidas em contrato. Compram em grande volume e normalmente atendem os pequenos e médios varejos. Possuem um nível bastante elevado de especialização e uma integração tecnológica consistente; a troca de informações é intensa (efeito simbiose). Geralmente, existe um relacionamento e comprometimento muito acentuado com as indústrias, sendo comum a existência de regras delimitando a região de atuação ou os tipos de produtos comercializados. Além disso, em geral, assumem riscos financeiros e atividades pós-vendas, mantêm equipes capacitadas, não apenas realizando a parte de vendas, mas atuando em toda a parte promocional, avançando, hoje, sobre a área de *trade marketing*, estabelecendo, verificando e bonificando o *mix* de produtos definido pelas indústrias nos PDVs, executando atividades de *merchandising* e realizando treinamentos, entre outras atividades definidas em contrato. Podem ser exclusivos ou multimarcas.

Atacadistas

Também compram em grande volume, com a finalidade de venda em balcão e para atender os pequenos varejos (*cash and carry*), porém não possuem grande fidelidade e relacionamento com os fabricantes. O nível de comprometimento é quase nenhum. Não realizam ações de *trade marketing* (conceito de marketing aplicado aos canais de vendas).

Representam um importante elo entre os fabricantes e não apenas os pequenos varejistas, mas os comerciantes, de modo geral, que não têm condições de comprar diretamente das indústrias e para os quais seria praticamente inviável adquirir dos grandes varejos, com os quais não têm condições de competir, em função do poder de negociação que aqueles passaram a desfrutar.

Além disso, complementam o abastecimento do mercado sem custo operacional para o fabricante, possibilitando, ainda que de modo precário, a promoção de marcas. Por outro lado, não existe exclusividade, visto que comercializam produtos de vários concorrentes, além de trabalhar com um *mix* verticalizado de mercadorias por comprarem apenas os itens que têm mais saída.

Dividem sua rentabilidade com os pequenos varejos que os procuram, existindo certo grau de informalidade nas vendas.

Varejistas

O varejista é o mais representativo dos intermediários, por representar o último elo do canal de distribuição, o ponto de contato com o consumidor final, o lugar em que podem ser exercidas as influências e proporcionadas as experiências de marca e onde podem ser colhidas as respostas e as expectativas dos clientes.

No Brasil, segundo o IBGE, conforme citado em estudo realizado pelo Departamento de Estudos Econômicos do Bradesco (Bradesco, 2017), o varejo respondeu por 12,4% do PIB brasileiro em 2015, sendo responsável por 43% do comércio geral.

Quando estudamos o varejo hoje, é importante que o façamos segundo suas duas vertentes: o varejo físico (tradicional) e o varejo *online* (o *e-commerce*). O varejo físico ainda guarda um importante diferencial sobre o varejo virtual porque é o único local onde os atributos físicos de aroma, tato e sabor podem ser tangibilizados (pelo menos por enquanto).

O *e-commerce*, entretanto, é quase um capítulo à parte. A cada dia, as vendas pela internet crescem proporcionalmente mais que no varejo tradicional. Acompanhando-se seu desempenho nos últimos anos, particularmente a partir da última década, o que se percebe no mundo desenvolvido (e também, no Brasil, em períodos de normalidade, fora de crises) é que as vendas no varejo físico crescem a uma taxa média, mais ou menos constante, em torno de 10%, enquanto no *e-commerce* esse crescimento se dá na faixa de 20%. As projeções são impressionantes, sejam relacionadas à adesão de novos consumidores, à venda de produtos, ao grau de fidelidade, ao volume de vendas ou ao tíquete médio. Basta dizer que em 2015 o setor movimentou quase US$ 1 trilhão, e a previsão é para que apenas três anos depois, conforme Santos (2016), fature 50% a mais, sendo que, em 2016, somente o *e-commerce* da China alcançou o mesmo valor de 2015 (US$ 1 trilhão), segundo Cohen (2017).

O varejo virtual apresenta uma logística extremamente complexa, desde o controle de estoques, separação, embalagem e encaminhamento (porque, se apresentarem problemas, afetarão a qualidade do atendimento, com a consequente insatisfação do cliente final que, nesse caso, troca de loja com um *click* na ponta dos dedos), até os serviços pós-venda, com todos os processos e custos da logística reversa.

Uma das grandes discussões sobre a qual se debruçam tanto os estudiosos dos principais centros de pesquisas do mundo quanto executivos e renomados consultores, e que afeta diretamente os canais de distribuição, se relaciona à sobrevivência do varejo físico. Existe uma grande tendência a uma drástica redução das lojas físicas, que começam a sentir o impacto da internet, recebendo cada vez menos clientes. Segundo uma respeitada consultoria brasileira, que atua nessa área, a GS& Gouvêa de Souza, o fluxo de consumidores nas lojas físicas se reduziu à metade, comparado há seis anos, conforme citado pelo *Wall Street Journal*, *RetailNext.com* e *Shoppertrax.com* (E-commercebrasil, 2017).

Reforçando essa tendência, vemos, a cada dia, surgirem inovações, como o emprego da realidade virtual e da realidade aumentada, buscando o oferecimento de experiências no comércio eletrônico, procurando tornar mais tangíveis as compras realizadas em ambiente virtual.

Nesse sentido, na última NRF, maior evento de varejo do mundo, realizado anualmente em Nova York desde 1911, foi apresentado um modelo de compra online (Smarket Solution, 2017), em que o consumidor, remotamente, em qualquer lugar em que estiver, coloca uns óculos 3D associados a um *software* e, acionando um controle manual (um *paddle* ou *joystick*), caminha virtualmente por uma loja, escolhendo e comprando produtos. Não se trata mais de futurologia, pois esse modelo já foi usado pela Alibaba, líder mundial do varejo virtual, que disponibilizou no último Single's Day (11/11/2016) compras virtuais, com passeios em 360° nas lojas Macy's e atacadista Costco, americanas, e na rede de supermercados inglesa Target (Schvabe, 2016).

Por outro lado, corroborando ainda o poder da loja física e mostrando que essa é uma área bastante complexa, no final de 2016 a Amazon divulgou o lançamento de seu primeiro supermercado físico (Gogoni, 2016) e, recentemente, anunciou a compra da rede de supermercados norte-americana Whole Food, que tem uma forte ligação com o público por se dedicar à venda de produtos saudáveis (Bouças, 2017). Seguindo os passos da Amazon, a *startup* chinesa Bingo Box lançou, na China, uma loja compacta, do tamanho e do tipo de um *container*, sobre rodas, o que permite que seja movimentada para outros lugares, totalmente automatizada, inclusive no pagamento, em que o acesso se dá por meio de *smartphone*.

O fato é que, a cada ano, proporcionalmente, as vendas pela *web* crescem em volume e no tíquete médio, praticamente em todo o mundo, mais do que crescem as vendas no varejo físico, fazendo com que se reduza o número de lojas físicas que, portanto, passarão a ter de se esforçar para sobreviver. Essa teoria deu origem ao conceito de loja 3.0, lançado na NRF de 2012, segundo o qual, entre vários entendimentos e definições, é possível depreender que, para continuar existindo, as lojas físicas deverão se tornar um local que proporcione uma experiência de consumo, não sendo apenas um ponto de venda. Para isso, terão, necessariamente, de investir em três áreas:

- *pessoas* – todos têm de saber exatamente seu papel. O vendedor não pode ser apenas o funcionário que vê o que o cliente quer, vai ao fundo e separa o pedido do cliente; tem de conhecer profundamente o produto e o cliente, interagindo com o *shopper* para proporcionar uma experiência de compra. A capacitação da equipe de vendas torna-se prioridade;
- *processos* – deve existir uma metodologia, e ela deve ser de conhecimento de todos; não apenas para atendimento, mas para reposição, para problemas que venham a ocorrer, para procedimentos internos etc. Tudo deve estar previsto e ter um roteiro traçado;
- *ambiente* – é imprescindível que o ambiente proporcione uma experiência de compra agradável, seja pela iluminação, pela

circulação, pela decoração, pelo *layout*, pelo atendimento ou pelo conjunto de tudo.

Obviamente, seria uma quarta área, se não estivesse presente em todas as outras, a tecnologia da informação, que se mostra uma ferramenta indispensável à obtenção de resultados nas outras três, seja na coleta de informações sobre os produtos ou sobre os perfis dos consumidores, seja no acesso aos diversos processos existentes, ou, ainda, aos recursos eletrônicos hoje disponíveis para levar informações ao cliente como provadores eletrônicos de roupa.

O que vemos hoje, portanto, são investimentos e inovações bastante significativos, tanto no varejo físico quanto no virtual. De que forma e aonde isso vai chegar, ainda não é possível precisar.

Atacarejo

Não poderíamos terminar de estudar os intermediários, sem mencionar o atacarejo, esse modelo tão peculiar e excêntrico de comércio, genuinamente nacional, em que – embora possua uma série de vantagens para o consumidor – uma empresa acaba, ao final, concorrendo com seus clientes. Trata-se de um tipo de atacado que vende indiscriminadamente para pequenos varejos (seu cliente natural) e para consumidores finais (pessoas físicas, que são os clientes dos pequenos varejos). Em sua maioria, pertencem às grandes redes supermercadistas (GPA, Carrefour, Walmart etc.).

Embora tenha começado a tomar forma a partir de 2006/2007, o modelo do atacarejo se consolidou, de fato, a partir de 2011. Difere dos clubes de compra, Sam's Club e Makro, por não ter associados e por concorrer diretamente em preços e produtos com os supermercados tradicionais. Trata-se de um modelo que se assemelha a um supermercado, com uma redução sensível na variedade de itens oferecidos (até 10 vezes menos, em média), possuindo estantes e também gôndolas e bancas, com poucos funcionários e sem requintes de iluminação e ambiente, o que lhe permite redução sensível de custos operacionais e, com isso, praticar preços mais baixos, fato que o torna bastante atrativo e competitivo.

Devido, em grande parte, à crise dos últimos anos, o atacarejo vem se proliferando, uma vez que, enquanto os supermercados amargam sucessivos resultados negativos, ano a ano, os atacarejos não param de mostrar lucros. Entretanto, parece que também esse modelo, segundo Morita (2017), já se aproxima da saturação, tendo em vista o grande número de lojas abertas, particularmente nos dois últimos anos.

Finalizando, é importante relembrarmos que, apesar de muitas vezes os exemplos se referirem a supermercados (particularmente no caso dos atacarejos), os assuntos aqui tratados dizem respeito a todos os tipos de comércio, em que os varejos, por exemplo, são lojas de produtos eletrônicos, de roupas de cama e banho, de eletrodomésticos, *delicatessens*, além de todos os tipos de comércio eletrônico, inclusive *marketplaces* (modelo virtual de *shopping* eletrônico em que várias lojas ou marcas revendem seus produtos em um determinado *site*). Os distribuidores são aqueles que atendem todos os tipos de varejos mencionados.

Vantagens e desvantagens dos intermediários

Uma vez presentes no canal de distribuição, os intermediários, obviamente, deverão trazer para o fabricante um benefício final significativo; todavia existirão sempre vantagens e desvantagens quando de sua utilização.

As *desvantagens* podem ser resumidas em dois tópicos extremamente críticos:

- oneram os preços finais, uma vez que existem as margens de operação de cada nível de intermediário (a ser estudado em "extensão do canal", no próximo capítulo);
- reduzem o controle, já que o fabricante perde o contato com o cliente final, e com isso deixa de controlar os preços praticados, as promoções realizadas, as características de consumo etc.

Por outro lado, existe uma série de vantagens, que deverão ser balanceadas diante das duas desvantagens apresentadas:

- possibilitam o fracionamento: as indústrias fornecem, normalmente, caixas fechadas, em grandes volumes, o que não permite o atendimento de todos os níveis da demanda, lacuna essa que é preenchida pelos intermediários;
- reduzem o número de transações, uma vez que passam a realizar as negociações com os clientes, o que antes era feito pelas indústrias, e que eles assumiram;
- possuem armazenagem de produtos próprios, o que representa a transferência de ativos de grande valor estratégico e financeiro;
- encarregam-se das atividades de transporte, desonerando o fabricante dos custos dessas operações, tanto no que se refere aos ativos físicos quanto no que diz respeito às ações de planejamento;
- concedem financiamento, uma das funções vitais dos intermediários, que possibilitam a dinâmica de operação não apenas do canal de distribuição, mas em toda a cadeia de suprimentos, uma vez que se refere ao fluxo financeiro;
- amortizam variações da demanda, uma vez que, por possuírem estoque, conseguem absorver alterações da demanda sem a atuação da indústria. Os estoques dos intermediários

(volume pequeno e variedade grande) têm, normalmente, uma composição oposta ao das indústrias (volume grande e variedade pequena);

- assumem riscos, decorrentes de todas as fases assumidas e anteriormente citadas;
- agregam serviços, oferecendo uma série de serviços adicionais àqueles concedidos pelos fabricantes, como instalação, pós-venda, garantia estendida etc.

As variáveis de mercado x necessidades dos clientes

Podemos dizer que o grande desafio que as empresas enfrentam hoje é o de desenvolver estratégias de distribuição que consigam atingir um nível de serviço adequado ao seu público-alvo, em coerência com o nível de serviço demandado pelo mercado; nível de serviço esse que se torna cada vez mais crítico, porque o consumidor está a cada dia mais consciente e exigente, e a concorrência, hoje, cada vez mais acirrada.

Uma vez que vivemos a era da chamada comoditização dos produtos, em que existem múltiplas opções, com pouca ou nenhuma diferença entre si, a distribuição acaba representando uma grande oportunidade de adquirir vantagem competitiva; daí a importância de uma implementação criteriosa do canal de distribuição.

O primeiro passo para que se obtenha um canal de distribuição eficiente é analisar o mercado servido, a fim de identificar o nível de serviço correspondente às expectativas dos clientes, garantindo um atendimento satisfatório que, por sua vez, assegure um grau mínimo de fidelidade. Entretanto, essa é uma tarefa bastante complexa e dispendiosa, uma vez que identificar o público-alvo exige um grande esforço de pesquisa e avaliação, até porque, mesmo entre grupos homogêneos, com características bem específicas, podem ser encontrados pequenos nichos que, somados a outros semelhantes, acabam por representar uma fatia nada desprezível do mercado. Esta é uma das grandes dificuldades enfrentadas pelos PDVs: disponibilizar um *mix* de produtos que seja conveniente e adequado ao seu público-alvo, como pode ser constatado no quadro 4, que representa um caso clássico a ser estudado, por ter acontecido com o maior varejista do mundo, em uma das maiores crises econômicas mundiais.

Quadro 4

Walmart amplia *mix* de produtos dos EUA para reter clientes

O Walmart, maior rede varejista do mundo, começou a recolocar nas prateleiras alguns produtos que havia removido no ano passado, após perceber que os consumidores recorreram a concorrentes em busca de uma variedade maior de mercadorias. [...]

A varejista voltará a oferecer determinados produtos de saúde e beleza, cereais, brinquedos para animais de estimação e artigos de limpeza. Em fevereiro, a varejista havia anunciado declínio nas vendas de suas lojas nos Estados Unidos e uma "ligeira diminuição" no movimento de clientes no trimestre encerrado em janeiro.

[...]

Em 2009, o Walmart reduziu o número de variedades de mercadorias em categorias como roupas de cama e produtos para limpeza de roupa. As lojas nos EUA reduziram os estoques em 7,6%.

[...]

Nancy Powella, pastora em Tucker, Geórgia, começou a ir ao Walmart com menos frequência após não ter encontrado algumas mercadorias. Desde o fim de 2009, ela reduziu as idas ao Walmart a uma vez a cada duas ou três semanas, afirmou. Antes, costumava ir duas a três vezes por semana.

Nancy, de 61 anos, afirmou ter se dirigido ao concorrente Lowe's na semana passada para conseguir o produto de limpeza Mr. Clean Magic Eraser, da Procter & Gamble, depois de não tê-lo encontrado no Walmart. Ela começou a comprar fio dental e antisséptico bucal no Walgreen. "Por favor, tragam o velho Walmart de volta", disse. "Eu adorava o amontoado de opções. Sempre pensei que teriam o que eu quisesse. Se eu quisesse uma loja na moda eu iria ao Target".

[...]

As vendas nas lojas com mais de um ano de funcionamento do Walmart nos EUA caíram 1,6% no quarto trimestre fiscal. As previsões eram de queda menor, de até 1%. [...]

[...]

O Walmart vem comunicando aos fornecedores que cortou demais em algumas áreas e que quer voltar a receber alguns itens. A varejista percebeu que alguns consumidores visitaram outras lojas e não vão mais ao Walmart para conseguir tudo o que querem comprar, acrescentou.

Veículo: *Valor Econômico*.

Fonte: <www.abras.com.br/clipping.php?area=1&clipping=11729>. Acesso em: 29 jun. 2017.

Fica claro, portanto, a imprescindibilidade de que sejam identificadas e analisadas as necessidades dos clientes de cada mercado atendido. Essas necessidades estão relacionadas a um grupo de variáveis que norteiam as ações e os serviços que serão oportunizados pelo canal de distribuição.

A seguir, serão estudadas as cinco principais variáveis correspondentes às necessidades dos clientes.

Tamanho do lote

Normalmente, o consumidor tem uma rotina de compra, isto é, compra sempre uma determinada quantidade a cada vez e, quando o faz, compra em unidades. De modo diferente, as empresas de varejo e de atacado adquirem grandes quantidades de produtos em caixas, contendo muitas unidades. Assim, os canais de distribuição devem ser concebidos de modo a permitir que os clientes, ao se dirigirem aos PDVs, encontrem, sempre, os produtos, conforme suas necessidades.

Não é por acaso que, da mesma forma pela qual nas roupas os tamanhos são padronizados, com foco, obviamente, no atendimento das necessidades médias dos consumidores, o mesmo acontece, de modo geral, com os bens de consumo tradicionais. Isso pode ser observado quando nos dirigimos a um supermercado e nos deparamos com uma infinidade de produtos que, quando do mesmo tipo, mas apenas de marcas diferentes, normalmente têm a mesma medida-padrão. Por exemplo: os pães de forma têm sempre entre 400 e 500 gramas, os cremes dentais 90 gramas, caixas de hambúrguer com 12 unidades pesando 672 gramas, molho de tomate 340 gramas, desodorante aerossol 150 ml/90 gr, e assim por diante. Obviamente, essas dimensões se refletem proporcionalmente nas caixas e *palets* em que serão guardadas e movimentadas essas mercadorias, afetando (e exigindo) medidas de padronização também das empresas comerciais.

O tamanho do lote é uma variável que possui grande influência no abastecimento das lojas, uma vez que, em condições normais, se os produtos forem de baixo valor, não serão transportados em lotes pequenos, aguardando para serem agrupados em cargas maiores (até com outros produtos), que compensem o custo do frete. Isso poderá acarretar um tempo maior no reabastecimento, tempo esse que, por sua vez, deverá ser considerado por ocasião do dimensionamento dos estoques, para que não ocorram rupturas (se assim for desejável).

Variedade

Nessa variável se enquadram duas situações distintas, na quais uma se refere à simples quantidade de produtos disponibilizados (por exemplo: um posto de gasolina pode trabalhar apenas com quatro tipos de combustível, enquanto uma loja de conveniência, em média, tem em estoque cerca de 1.800 *sku*; já um hipermercado oferece a seus clientes uma variedade de 50 a 60 mil itens diferentes). A outra situação diz respeito às diversas variações de um mesmo produto, o que pode ser facilmente visualizado dentro das estratégias de extensão de linha e de marca, hoje largamente utilizadas pelas indústrias de bens de consumo, quando vemos, por exemplo, vários molhos de tomate, da mesma marca, no mesmo formato e tamanho, apenas de sabores diferentes, ou então vários outros produtos, absolutamente distintos, mas da mesma marca e linha a eles relacionados, como extrato de tomate, ketchup, polpa etc., o que leva a uma extraordinária variedade.

Aqui também, o esforço de distribuição para garantir a disponibilização nos PDVs e atender as necessidades do mercado servido deve ser bem balanceado, em função do custo a ele atrelado.

Dispersão

Está diretamente relacionada à quantidade e localização dos pontos de vendas onde os produtos serão disponibilizados aos clientes. O volume da dispersão levará a um maior ou menor esforço, ou facilidade, por parte do consumidor, para chegar ao bem pretendido.

A dispersão está intrinsecamente relacionada ao valor de lugar e, portanto, afeta sobremaneira a competitividade. De tal forma isso é relevante, que podemos observar grandes marcas desenvolvendo estudos de geomarketing (ferramenta de inteligência de marketing que permite mapear regiões, considerando características demográficas e psicográficas de seus habitantes ou frequentadores), não apenas para saber onde localizar suas lojas, mas para definir o tipo de loja, a variedade de produtos que serão comercializados em cada uma e a quantidade de lojas em cada região.

Também não é raro serem encontrados contratos de exclusividade em que os fabricantes exigem que algumas lojas mantenham seus produtos expostos e não comprem dos concorrentes, ainda que elas não lhes tragam lucros (às vezes até com prejuízos), para garantir que estejam presentes na área geográfica de frequência de um determinado público-alvo, e assim evitar que o concorrente esteja disponível para o consumidor.

Mais uma vez, como mencionado nos itens anteriores, o esforço de distribuição será tão maior quanto maior for a dispersão.

Frequência de compra

Uma das principais variáveis relacionadas ao comportamento do consumidor é a que se refere a determinar o tempo médio em que ele repõe cada produto, ou seja, de quanto em quanto tempo ele refaz determinada compra e em que quantidade e, ainda, qual a frequência com que ele vai ao PDV para realizar uma compra específica. Quando isso ocorrer, é necessário que a gôndola esteja abastecida. É importante que tenhamos sempre em mente que estamos nos referindo a produtos e serviços, e quando falamos em gôndola não estamos nos referindo apenas a supermercados ou qualquer outro tipo de loja que venda produtos físicos. Um salão de beleza que não possa, em um determinado momento, por falta de esmalte, oferecer um serviço de manicure a um cliente que habitualmente, todo sábado, lá comparece com aquela finalidade se enquadra na mesma situação. O conceito de gôndola, portanto, quando se refere a serviço, deve ser entendido dentro de uma concepção mais ampla, representando o local onde o bem ou serviço é comercializado, onde ocorre a negociação de compra.

A frequência de compra e a racionalidade dos estoques face ao custo dos espaços é que faz com que, hoje, a reposição dos produtos no varejo caminhe, cada vez mais, para o modelo *just in time*, dentro da metodologia ECR de reposição eficiente.

Tempo de espera

Também diretamente vinculado à competitividade (valor de tempo), diz respeito a quanto tempo o cliente tolera aguardar para receber o bem adquirido.

Em determinados segmentos, essa variável é praticamente inexistente, como nas farmácias, restaurantes, magazines ou supermercados, já que a venda é imediata; outros, entretanto, caracterizam-se por um determinado tempo de espera, como é natural nas compras pelo *e-commerce*, carros, motos etc. Nos dias de hoje, essa variável se reveste de grande expressividade, uma vez que o tempo é um dos fatores mais despendidos na vida do ser humano, e mais valorizado. Por isso, naqueles setores em que o tempo de espera representa um quesito ponderável, ele acaba por afetar a decisão de compra do cliente.

Fluxos distributivos

Os canais de distribuição têm por finalidade desempenhar o importante papel de fazer com que os bens produzidos pelas empresas sejam comunicados, adquiridos e entregues aos seus clientes finais. Obviamente, o responsável para que isso aconteça é o fabricante, aquele que produziu um determinado bem. Entretanto, na maioria das vezes, quem produz não é especialista em vender ao consumidor final em larga escala, o que é uma característica do varejo. Para que tudo aconteça da forma mais eficiente possível, as indústrias mantêm sua vocação natural de produção e terceirizam a parte de comercialização para as empresas de distribuição (distribuidores, atacadistas, varejistas etc.), que assumem, portanto, o papel que seria dos fabricantes.

As funções dos canais devem ser entendidas, primeiramente, como o modo de gerar no consumidor o desejo de compra, com base em suas necessidades, considerando que, após essa motivação acontecer, a necessidade ainda não estará satisfeita. Isso dependerá de várias outras condições relacionadas ao atendimento daquelas necessidades, e, mesmo após a compra, a satisfação do consumidor deverá ser acompanhada.

Os fluxos distributivos, na visão da logística, recebem o nome de funções dos canais de distribuição, que Dollan (1999 apud Novaes, 2015) divide em quatro funções básicas: indução da demanda, atendimento da demanda, pós-venda e informações.

Dessas quatro funções, as duas primeiras podem ser desdobradas nas seguintes: vendas, promoção e propaganda; e transporte, armazenagem, pedido, propriedade, risco, financiamento e negociação, conforme mostrado no quadro 5.

Quadro 5
Funções dos canais de distribuição

Indução da demanda	**Atendimento da demanda**	**Informação**	**Pós-venda**
Vendas Promoção de vendas Propaganda	Transporte Armazenagem Pedido Propriedade Risco Financiamento Negociação		

Entretanto, as funções dos canais, quando analisadas pela ótica do marketing – canais de marketing, portanto – são chamadas, de acordo com Coughlan et al. (2012), de fluxos distributivos, por serem considerados fluxos de marketing, os quais são atividades ou processos que fluem, por meio do canal, que são realizados pelos seus diversos membros, fabricantes e intermediários, e que vão viabilizar a venda e entrega dos bens aos consumidores finais.

Os fluxos distributivos, como mostrados no quadro 6, em que as setas indicam seus sentidos, são os seguintes: posse física, propriedade, promoção, negociação, financiamento, risco, pedido e pagamento. Como pode ser notado, a visão de marketing se diferencia da de logística apenas no que se refere aos processos de vendas, posse física e promoção, muito embora ao estudar especificamente promoção, em canais de marketing, a análise englobe vendas, promoção de vendas e propaganda. De fato, mudam os nomes e a forma como são classificadas, mas, como veremos, são coincidentes.

Na realidade, o que se observa é que existe um conceito central bastante similar entre os diversos autores, variando a terminologia e a forma de apresentação de conteúdo: para Rosenbloom (2014), os canais de marketing têm cinco fluxos distributivos (de produto, de negociação, de propriedade, de informação e de promoção) que, ao serem analisados, verificamos que contêm os outros apresentados por Coughlan et al. (2012) e as funções formuladas por Novaes (2015).

Quadro 6
Fluxos distributivos

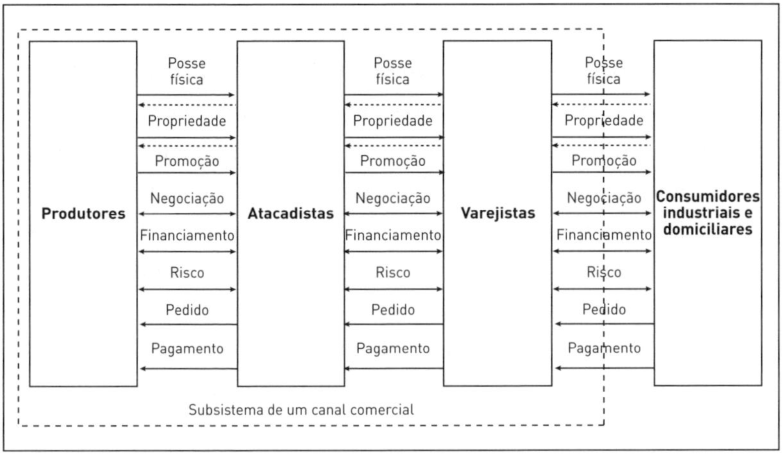

Fonte: adaptado de Coughlan et al. (2012).

O objetivo dos fabricantes/prestadores é vender e fazer seus produtos e serviços chegarem a seus clientes finais e, para isso, estruturarão sua distribuição utilizando ou não intermediários (o que será estudado no capítulo 4). Essa distribuição, por meio dos fluxos distributivos, permitirá a melhor prestação do serviço pretendido.

Confrontando os dois modelos (funções dos canais de distribuição e fluxos distributivos), podemos, ao analisar cada processo, concluir que cada um dos fluxos distributivos possui um custo inerente à sua execução, concorrendo para uma determinada função, análoga a um nível de serviço específico, conforme detalhado a seguir:

- *posse física* – corresponde às funções de armazenagem e transporte. Possibilita a guarda dos produtos e sua transferência entre membros do canal, até o consumidor final. Requer cuidados redobrados quando consideramos a logística reversa (devolução), uma vez que o fluxo é invertido, gerando custos extras de transporte e armazenagem, muitas vezes superiores aos originais, devido ao grau de controle exigido;

- *propriedade* – refere-se ao direito legal sobre o bem e envolve os custos relativos à sua transferência. É comum que os fluxos de posse física e propriedade se movam em conjunto; entretanto pode haver situações em que isso não aconteça, como nos casos de representantes comerciais ou consultores de venda, que não emitem nota fiscal, o que é feito em nome da indústria, e o estoque que possuem não é próprio, mas consignado;
- *promoção* – envolve as funções de vendas, promoção de vendas e propaganda. Assim, vendas reflete a função básica de influenciar o processo de tomada de decisão de compra do cliente, cada vez mais ligado ao seu encantamento, e é realizada por funcionários da empresa. Reflete a capacidade de demonstrar que o valor daquilo que se se propõe vender é muito superior ao seu preço. A promoção de vendas compreende a realização de ações de indução à demanda altamente eficazes, com prazo de execução preestabelecido, destinadas a acelerar ou aumentar a venda de um determinado produto ou serviço, conquistar participação no mercado ou, ainda, tornar a marca mais conhecida. Tais ações passam a sensação de uma ocasião que não pode deixar de ser aproveitada. Como exemplo, podemos citar sorteios, descontos promocionais, amostras, promoções nos PDVs etc. Já a propaganda consiste num meio sistemático de se divulgar, de chamar a atenção para um determinado bem, induzindo à sua compra. Deve ser focada em um público-alvo e é paga (excetuando-se os casos espontâneos de propaganda boca a boca);
- *negociação* – relaciona-se diretamente à transferência de propriedade e às ocasiões em que ocorrem as vendas. Envolve os custos despendidos com assessoria jurídica, quando é o caso,

além de outros inerentes a discussões envolvendo condições e prazos de pagamento, quantidades negociadas, descontos etc.;

- *financiamento* – característico das operações de vendas de bens realizadas entre os membros do canal, incluindo o consumidor final, essenciais ao atendimento da demanda (até mesmo incentivando-a), uma vez que permite ao consumidor adquirir um produto que não estaria ao seu alcance se não houvesse o financiamento. Viabiliza a operação em que a propriedade é passada de um para outro graças, principalmente, à concessão de crédito;
- *risco* – está diretamente relacionado à posse física do bem. Uma série de adversidades pode ocorrer, gerando custos para aquele que detém o produto: compromissos relacionados ao cumprimento de cláusulas contratuais cuja situação de mercado pode sofrer alterações imprevistas durante sua vigência; seguros relativos a garantias; simples obsolescência, perdas, roubos ou danos;
- *pedido* – constitui a principal matriz de todos os outros fluxos; é o ponto inicial onde se manifesta a vontade do cliente e que gera a existência e operação do canal de distribuição, permitindo o atendimento da demanda. O processamento do pedido engloba os custos de cada processo, em cada nível de intermediário, relativos às atividades que adicionam valor em toda a cadeia;
- *pagamento* – é o fluxo responsável pelo encerramento do ciclo das atividades de rotina do canal de distribuição. O pagamento realizado pelo utilizador final ao último intermediário é repassado, canal acima, ao membro imediatamente anterior (retiradas as respectivas margens, incluindo toda a parte de cobranças e inadimplências), e assim sucessivamente, fluindo até o fabricante, permitindo a operação e viabilizando a existência do canal de distribuição.

Analisados e compreendidos os fluxos distributivos, existem, ainda, duas importantes funções desempenhadas pelos canais de distribuição que não foram neles abordadas e que não podem deixar de ser cuidadosamente acompanhadas, principalmente porque têm papel determinante no diferencial competitivo que o mercado atual exige das empresas. Essas funções, já mencionadas no quadro 5, serão agora apresentadas.

1. *informação* (relacionada a quatro áreas distintas):
   - *consumidor* – não basta conhecer o perfil do consumidor; é imprescindível que não apenas o fabricante, mas que todos os membros do canal, envolvidos na distribuição, acompanhem as tendências de mercado que, apesar de indicarem o que as pessoas buscam e, muito importante, o que deve ser evitado, sofrem variações em função de inovações que surgem, muitas vezes, de modo totalmente inesperado, a exemplo das impressoras 3D para roupas, como citado por Cunha (2017);
   - *produto* – os consumidores modernos vêm, cada vez mais, se habituando a ler as informações contidas nos rótulos dos produtos e a buscar conhecimentos que lhes permitam analisar e conhecer de que maneira eles contribuem ou afetam seus organismos. Os produtos têm de corresponder à imagem que a marca passa deles: não é mais possível o convencimento à compra pura e simplesmente pela utilização de uma celebridade da televisão em um comercial, por exemplo. Portanto, é necessário que se mantenha constante informação sobre os gostos do consumidor, para direcionar o desenvolvimento do produto, que se acompanhe com rigor a produção e, ainda, o desempenho, após sua colocação no mercado;

- *mercado* – podemos dizer que o estágio atual do mercado já alcança um patamar razoavelmente maduro em que de um lado o consumidor começa a se preocupar com o que compra, pressionando os fabricantes e varejos, e de outro os fabricantes e varejos procurando se adaptar a essa nova realidade. A concorrência, cada vez mais acirrada, tem trazido novos tipos de competidores, como os atacarejos, os novos modelos de lojas das grandes redes (lojas de vizinhança, por exemplo), os quiosques nos shoppings, os *foodtrucks* e, ainda, novas soluções de processos e de tecnologia, como as câmeras que filmam o *shopper* e o procuram nas redes sociais. Por outro lado, grandes *players* procuram diversificar seus portfólios, visando o consumidor de um futuro bastante próximo, com produtos muitas vezes paradoxais às suas linhas tradicionais. Além disso, vivenciamos o crescimento exponencial e irreversível do *e-commerce*, o que leva as empresas a terem de repensar, dia a dia, suas estratégias, mantendo-se sempre atualizadas, redimensionando a informação, que se torna ferramenta vital de competitividade;
- *legislação* – por vários motivos, tornou-se um fator crítico para as empresas. Se antes existiam poucas leis sobre poucos assuntos, hoje temos leis específicas praticamente sobre cada produto, sobre cada procedimento, seja como fabricar, como descartar, armazenar, ou transportar, seja como utilizar ou até consumir. A legislação engloba áreas como meio ambiente, logística reversa, proteção aos animais e à saúde, levando a cuidados extras com o chamado "politicamente correto" (que devemos considerar uma legislação informal), criando situações que colocam a empresa em desconforto ou mesmo levando à perda de

mercado, como no caso de um comercial fracassado, em que um dos mais famosos cantores brasileiros, reconhecidamente vegetariano, fez uma propaganda para uma tradicional marca de carnes. Enfim, a legislação, hoje, envolve o consumidor, o produto e o mercado; muda e se aprimora a cada dia e, portanto, deve ser acompanhada com extrema atenção.

2. *Pós-venda:* as peculiaridades do mercado atual fazem com que os cuidados com a distribuição não se encerrem com a entrega do bem ao consumidor; deve-se ter atenção às seguintes fases do processo:
   - *instalação* – em parte porque os produtos podem se tornar mais complexos, em parte em virtude de seus tamanhos, ou em face de uma tendência moderna de customização e postergação (o que leva, até, a que montagem ocorra na casa das pessoas), ou porque o tempo passou a ser um bem precioso, que não se quer perder instalando produtos, ou ainda para se cumprir cláusulas indissociáveis de garantias, a instalação passou a ser um requisito de especialização para os membros do canal, gerando, se não a manutenção de uma equipe, pelo menos sua terceirização, sem, entretanto, transferir essa responsabilidade;
   - *manutenção* – não basta que a venda seja realizada e que os bens sejam entregues e instalados; é necessário que ter condição de manter um cronograma que permita revisões e substituições, garantindo a vida útil dos produtos dentro do que foi prometido. Antigamente, isso era comum apenas para os automóveis e pouquíssimos outros bens de alto valor agregado, mas o consumidor moderno não aceita mais que seja assim. Aqui também se verifica um novo esforço e mais uma fonte de custos para o canal

que, entretanto, se bem executado, pode trazer benefícios para as organizações; caso contrário, grandes prejuízos;

- *defeitos* – finalizando o assunto fluxos distributivos, trataremos aqui de um tópico importantíssimo relacionado ao pós-venda, na maioria das vezes relegado a segundo plano por parte das empresas, mas altamente relevante, porque tem reflexos diretos no comportamento dos consumidores. Relaciona-se à qualidade de atendimento e demonstra o apreço que a organização tem pelos seus clientes – se a empresa não se preocupa com problemas que ele possa ter com o que lhe vendeu, significa que não se preocupa com ele. Como hoje existem muitos competidores no mercado, o cliente insatisfeito simplesmente troca de marca. Os fabricantes têm de se preocupar em resolver problemas com produtos que apresentem defeitos (e isso envolve todo o canal de distribuição); têm de ter planejada uma logística reversa eficiente e, acima de tudo, complexa (o que fazer, onde fazer, quem vai fazer), não apenas para tentar reduzir a insatisfação de seus clientes, mas também para minimizar os próprios custos.

Financiamento e riscos financeiros e operacionais

O fluxo financeiro, abordado na seção "Fluxos distributivos", é responsável pela compensação monetária dos integrantes do canal de distribuição e justifica, ao final, o investimento realizado pelas empresas, afetando suas próprias existências.

Para que o fluxo financeiro seja eficiente, três complexas variáveis, que estão interligadas, devem ser trabalhadas de forma conjunta: vendas, marketing e compras.

Particularmente quanto às atividades de vendas e de marketing, há, de modo geral, uma concordância entre os autores dedicados a esses assuntos no sentido de que tais atividades são indissociáveis. Essa convergência fica evidenciada quando confrontamos seus entendimentos: para Futrell (2014), por exemplo, a venda tem relação com o tipo de comunicação realizada no intuito de persuadir um cliente, levando-o a comprar alguma coisa, podendo ser um produto físico ou um serviço que venha a satisfazer suas necessidades; já Kotler e Armstrong (2014:4) afirmam que marketing é "um processo administrativo e social pelo qual indivíduos e organizações obtêm o que necessitam e desejam por meio da criação e troca de valor com outros".

Percebe-se, portanto, que essas duas funções têm como foco atender as necessidades dos clientes e, nesse ponto, surge o vínculo com o processo de compra: várias decisões que passam na cabeça do cliente e se baseiam em um conjunto particular de valores que precisam ser identificados para que possam ser conciliados com os valores daquilo que lhe está sendo oferecido.

Nesse ponto, surge o financiamento, que visa favorecer a realização das compras, concretizando, ao final, os esforços realizados por vendas e marketing caso o cliente não possua recursos financeiros imediatos para a aquisição do bem.

Entretanto, todo financiamento traz, em si, riscos. Quando o fabricante financia uma venda e, da mesma forma, quando um intermediário a financia a outro e assim até o consumidor final, está sendo oferecida uma oportunidade de comprar a prazo, em que o crédito disponibilizado pode ser próprio ou de um operador financeiro. Em qualquer das situações, aquele que concede o crédito assume os riscos decorrentes daquela operação.

A partir do momento em que a venda não foi quitada "à vista", passa a existir o risco de o montante comprometido não ser recebido integralmente, por uma série de fatores, que podem ser divididos em dois grupos: financeiros e operacionais.

- *riscos financeiros* – são aqueles decorrentes da impossibilidade de pagamento por quem obteve o crédito. Podem ocorrer por elevação da taxa de juros, durante a vigência do contrato, acima daquela à qual o financiamento foi concedido ou por custo de oportunidade – quando, por ter oferecido financiamento com recursos próprios, o financiador deixa de investir em outros negócios mais lucrativos –, ou, ainda, por motivo de falência do tomador de crédito, simplesmente.
- *riscos operacionais* – referem-se a erros que podem ocorrer nos processos, nos sistemas de controle ou na estrutura (furtos ou fraudes, por exemplo) das empresas tomadoras, ou do próprio cedente, e que podem comprometer os valores empenhados.

Vivemos um momento particular, em que o emprego de tecnologia se torna cada vez mais intensivo, o que traz muitos benefícios, mas, por outro lado, também somos informados, a cada dia, sobre uma infinidade de estratagemas fraudulentos de invasão a sistemas de TI, o que aumenta os riscos e redobra os cuidados a serem adotados.

Obviamente, os cedentes dos financiamentos devem se estruturar, analisando as condições do tomador e a situação e as perspectivas econômicas, elaborando contratos que procurem cobrir todas as adversidades, incluindo condições de pagamento, cláusulas de multas e de juros, de modo a atenuar possíveis prejuízos.

Por fim, os riscos são fatores inerentes aos financiamentos, que podem ser minimizados se transferidos para instituições financeiras que detêm essa *expertise*, uma vez que são habituadas a trabalhar com sistemas de classificação de riscos (*rating*), pontuação de crédito, avaliação de risco de crédito etc., elementos que não estão, normalmente, ao alcance das demais empresas do mercado. Há que avaliar o custo/benefício dessa iniciativa.

4
Distribuição direta e indireta

É importante que se compreenda que existe uma clara diferença entre distribuição física e canais de distribuição: a primeira se refere à movimentação de produtos, ao deslocamento de um ponto a outro e aí o papel fundamental desempenhado pelos armazéns (onde serão localizados os estoques) e pelo transporte (como será a transferência); os segundos, embora se utilizem da primeira, dizem respeito às relações comerciais, ao arranjo das organizações responsáveis pela transferência de posse e propriedade e que, de modo geral, serão responsáveis por fazer a mercadoria chegar ao cliente final, e a como se efetuam as transações entre eles.

Neste capítulo, abordaremos o que é distribuição direta e indireta. Passaremos pelos conceitos e pelo entendimento de canal de distribuição, seus tipos e suas propriedades. Serão examinadas as variáveis financeiras que afetam o custo, a rentabilidade e os principais indicadores financeiros para permitir a seleção da opção mais adequada aos objetivos das organizações e dos consumidores, respeitando as características mercadológicas que impactam diretamente os resultados. Finalmente, será desenvolvido o plano de distribuição, que vem a ser a maneira sequencial de elaborar a forma de fazer com que produtos e serviços possam chegar às mãos do consumidor final. O plano servirá de guia para a distribuição e deverá ser adaptado ao produto e/ou serviço e, ainda, às premissas específicas, caso existam.

A distribuição

A distribuição tem caráter estratégico. Esse é um dos mais importantes entendimentos que devemos ter. Quando uma empresa lança um produto no mercado, os concorrentes devem ter duas preocupações fundamentais:

- verificar se o produto lançado é inovador, de que forma afeta o mercado e, se for o caso, analisar a viabilidade de lançar um similar;
- proceder a uma avaliação da estrutura da distribuição atual e como ela será afetada por aquele lançamento, verificando se será necessário alterá-la a fim de manter a competitividade (*share*).

O mesmo raciocínio se aplica para os casos em que produtos competitivos são retirados de linha pelas indústrias.

Imagine a situação paradigmática, ocorrida há algum tempo, em que, em nível nacional, cerca de quatro marcas (Danone, Nestlé, Vigor e Batavo) lideravam o mercado nacional de produtos lácteos (particularmente iogurtes) e, de repente, no final de 2015, a Coca-Cola comprou a pequena Verde Campo, uma marca regional, com sede em Lavras (MG). Não foi necessariamente com o produto que as concorrentes tiveram de se preocupar (embora a Verde Campo tivesse uma linha de produtos sem lactose), uma vez que não se trata de nada inovador no mercado, mas, e principalmente, a grande atenção se voltou para a distribuição. Afinal, a Coca-Cola, graças a sua extraordinária força de distribuição, independentemente do valor de sua marca, atendendo a cerca de 1 milhão de pontos de venda no Brasil, altera sensivelmente a participação geral do mercado, a partir do momento em que se lança em determinado segmento.

Prova de quanto essa transação afetou o mercado, no que tange à distribuição, é que até 2015, na cidade do Rio de Janeiro, por exemplo, os produtos da Verde Campo só eram vendidos, praticamente, em 22 lojas da rede Hortifruti; pouco mais de um ano depois, quase todos os supermercados daquela região passaram a comercializá-los.

Distribuir um produto ou serviço, nada mais é do que fazer chegar às mãos do consumidor final aquilo que ele pretende consumir, dar ou, simplesmente, guardar para uso posterior.

De modo geral, a distribuição pode ocorrer de dois modos distintos:

- distribuir diretamente (distribuição direta);
- distribuir indiretamente (distribuição indireta).

Como visto no capítulo 3, os intermediários são os participantes do canal de distribuição que movimentam o produto ou serviço, comprando e revendendo, até sua chegada ao consumidor final. O modelo genérico do canal de distribuição é apresentado na figura 20.

Figura 20
Canal de distribuição

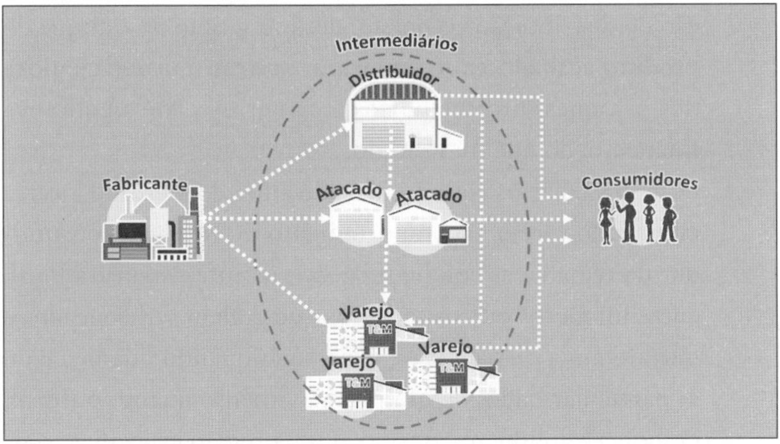

Fonte: adaptada de <http://blogs.upn.edu.pe/comunicaciones/2017/09/08/canales-de-distribucion-como-implementarlos-en-una-estrategia-de-marketing/>. Acesso em abr. 2018.

Uma pergunta, curiosidade ou dúvida que pode ser levantada por você é a razão da existência de intermediários e se as indústrias poderiam assumir esse papel.

Na verdade, existem alguns pontos importantes que justificam a existência dos intermediários, complementarmente ao que já foi apresentado:

- a definição da estratégia empresarial: ir diretamente ao mercado ou não;
- a definição da *expertise*, compreendida como a especialização, a capacidade técnica, a competência, o conjunto de aptidões e conhecimentos próprios de uma organização ou de uma pessoa que a distinguem no universo empresarial, o que pode levar o fabricante a perder o foco em sua atividade principal. Como exemplo, colocamos as seguintes questões: a Nike fabrica (diretamente) ou vende sapatos esportivos? Por que decidiu focar somente no desenvolvimento do produto e na comercialização?
- a falta de recursos financeiros para estruturar uma operação de distribuição completa, desde a gestão do estoque do produto acabado na manufatura, do transporte (veículos), dos estoques intermediários e da entrega, até a cobrança financeira do que foi vendido;
- os intermediários conhecem os detalhes do mercado local, a cultura do varejo, o comportamento explícito do consumidor da região e as condições gerais da infraestrutura local, entre inúmeros outros aspectos que podem ser elencados e que afetam a distribuição, sobretudo quando lidamos com as particularidades de um país tão imenso quanto o Brasil, embora se apliquem, mesmo, a uma região específica, ou a um pequeno vilarejo.

Para efeitos de facilitação do entendimento, dividimos e inserimos os intermediários no conceito de distribuir direta ou indiretamente. Veremos, a seguir, de forma mais detalhada, o que vêm a ser esses dois princípios:

- *distribuição direta* – ocorre quando o detentor do produto ou serviço tem o objetivo de encurtar o caminho até o consumidor final (principalmente no caso do comércio eletrônico) e garantir a velocidade da entrega e o mínimo manuseio ou transporte do produto, de modo a evitar prejuízos a suas propriedades físicas originais e às condições da entrega, assegurando o acesso às suas informações;
- *distribuição indireta* – ocorre quando a empresa tem por objetivo levar seu produto ao consumidor final por meio de intermediários, que podem ser muitos ou poucos. Isso dependerá das características gerais do produto, bem como da validade, temperatura, forma de armazenagem, peso ou regras de comercialização, entre diversos outros aspectos que deverão ser determinados pela empresa nos seus objetivos estratégicos de distribuição para alcançar os resultados esperados.

Porém, antes de decidirmos se devemos utilizar canal direto ou não, precisamos pensar que, caso optemos pelo indireto, nosso produto e/ou serviço poderá passar por uma série de mãos, etapas, armazéns, depósitos e centrais de distribuição pertencentes a distribuidores, revendedores, atacadistas, varejistas etc., entre outros tipos de intermediários.

Reforçando: intermediários são entidades empresariais independentes e estruturadas para prestar os serviços necessários a um fabricante (ou a outro intermediário), de modo a garantir que os bens estejam disponíveis para o consumidor na hora certa, no lugar certo e na quantidade certa. Seu objetivo principal é dar a maior capilaridade possível a um produto ou serviço, favorecendo a indução e o atendimento da demanda.

A teoria e a prática

Neste ponto, é relevante que façamos uma pausa para um esclarecimento extremamente importante envolvendo a teoria e a prática: na linguagem do mercado, é comum encontrarmos o entendimento de que canal direto se refere ao modelo em que a distribuição ocorre do fabricante diretamente para o varejista, e indireto quando o fabricante utiliza um distribuidor e esse entrega para o varejista, ou seja, entre o fabricante e o varejista passa a existir outro intermediário. Essa é a prática.

Entretanto, na teoria, não é assim; canal direto refere-se à distribuição do fabricante para o consumidor final. E por que não? Porque a grande diferença, quando se estudam o canal e os intermediários, está no contato com o usuário final, seja ele consumidor pessoa física, seja o consumidor industrial. O canal de distribuição, assim como a cadeia de suprimentos, tem por finalidade fornecer ao consumidor final o bem de que ele necessita. Para isso, e por isso, é tão importante o relacionamento com o consumidor, conhecer seus hábitos de compra, suas necessidades, desejos, insatisfações, sugestões etc., e essas informações só as terão aqueles membros do canal que estiverem em contato direto com ele. Por isso, se o fabricante, ao distribuir, o faz para um intermediário, seja qual for, ele perde o contato com o consumidor final.

A decisão de distribuir diretamente ou indiretamente será sempre uma decisão estratégica, uma vez que afetará o comportamento e a vida da empresa.

Como visto no capítulo 3, as vantagens da distribuição direta são aquelas oriundas da inexistência dos intermediários e que vão redundar, basicamente, em maior margem para o fabricante e maior controle sobre a distribuição. Em contrapartida, como desvantagem, haverá a tarefa de realizar todas as ações de indução e atendimento da demanda.

Quando incluímos os intermediários no canal, podemos desdobrar aquelas tarefas conforme, resumidamente, apresentado no quadro 7, que reúne as principais vantagens e desvantagens da distribuição indireta, via varejo.

Considerando o exposto, antes de tratarmos dos tipos de canais de distribuição, não podemos descartar a significativa diferença do papel desempenhado pelo distribuidor (ou outro intermediário de grande porte), quando inserido na distribuição indireta, para atendimento dos varejos, de modo geral, e que pode ser visualizada no quadro 8.

Quadro 7

Distribuição indireta via varejo

Vantagens	Desvantagens
• Garante a participação mais efetiva do fabricante nas ações promocionais do varejo. • Consegue distribuir um maior número de marcas e produtos. • Evita a falta de estoque por um controle mais balanceado, consequência de uma assistência mais frequente.	• Custo elevado devido à presença do vendedor no ponto de venda e demais custos diretos. • Tempo extra para arrumar produto, *display* de venda e outros materiais do PDV (*merchandising*).

Quadro 8

Distribuição indireta via intermediários de maior porte

Vantagens	Desvantagens
• Possibilita, principalmente, a redução de custos da equipe de vendas. • Possibilita a entrega de mercadorias em tempo mais rápido que o produtor, quando comparamos a sua proximidade em relação ao centro consumidor.	• Concorre internamente com outros produtos, de outras categorias ou até mesmo com os próprios concorrentes. • Normalmente o atacadista se recusa a estocar a linha toda de uma indústria (porque nem sempre é rentável, reduzindo com isto o número de itens que redistribui). • Os vendedores do atacado não dão suporte ao ponto de venda com relação à *merchandising*.

Em termos de objetivos gerais, o canal de distribuição deve:

- assegurar a contínua disponibilidade dos produtos e serviços;
- prestar o nível de serviço que venha a ser exigido pelo mercado atendido;
- garantir que o fluxo de informações entre todos os participantes seja rápido e preciso, o que irá requerer elevado nível de relacionamento, parceria e integração sistêmica;
- buscar a redução dos custos totais e a contínua integração dos diversos membros participantes.

Tipos de canais

A estrutura do canal de distribuição será sempre uma atribuição primordial do fabricante. Ele é o decisor, a todo e qualquer instante, de quem fará parte do canal, uma vez que, como enfatizado por Rosenbloom (2014), as empresas envolvidas possuem um relacionamento contratual para distribuir os bens que ele produz.

Como visto, existem dois tipos de canais de distribuição: o direto, também chamado de vertical curto, pelo qual o fabricante atende diretamente o consumidor final, e o indireto, ou vertical longo, que contempla a inclusão de intermediários, conforme mostrado na figura 21.

Basicamente, são esses os tipos de canais, chamados, também, de canais verticais de marketing. Entretanto, existem duas outras variantes, frutos da combinação desses dois, que são: canais múltiplos e híbridos.

Veremos, a seguir, cada um dos tipos e suas principais características.

Figura 21

Canais de distribuição: direto x indireto

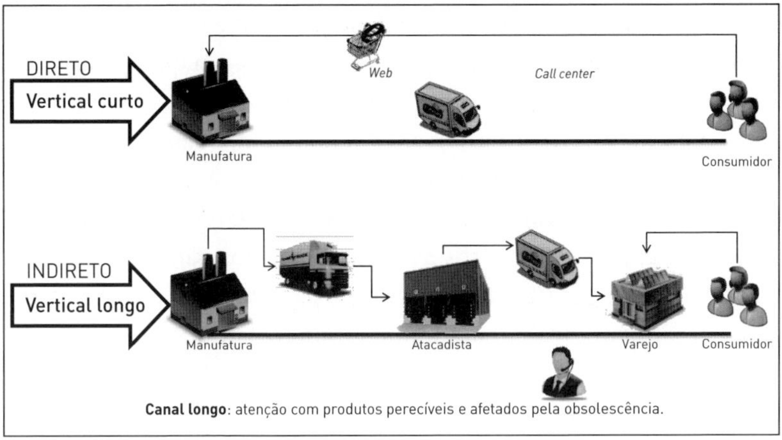

Canal direto (vertical curto)

Este canal dá à empresa oportunidade de obter a informação direta sobre o consumidor e sobre o que, e de que forma, ele comprou. Particularmente porque vivemos uma época em que o consumidor passa por tantas transformações e, a cada dia, surgem novas tendências, isso tem um grande peso no planejamento da distribuição, vendas e produção.

Adicionalmente, num ambiente de extrema competitividade, em que a redução de custos é um dos objetivos perseguidos por todos, a inexistência das margens dos intermediários passa a representar um grande diferencial.

Canal indireto (vertical longo)

A responsabilidade sobre o produto e/ou serviço é repassada de um intermediário para o outro na sequência distributiva. Geralmente, o PDV, representado pelo varejo, é o último intermediário que disponibilizará o produto e/ou serviço ao consumidor final. É importante reforçar que, nesse tipo de canal, obter informações precisas dos varejos é fundamental, já que refletem a realidade com relação à demanda, ou seja, o que foi comprado, em que quantidade, em que horário, em que local, e assim por diante, de acordo com os dados necessários para alavancar as vendas, entender o consumidor e suas necessidades. Entretanto, a obtenção dessas informações é de grande complexidade e dificuldade, por falta de sistemas, de confiança entre os parceiros e da qualidade dos dados obtidos.

Por falta de conhecimento acurado da demanda, os intermediários geralmente trabalham empurrando o estoque de um para o outro, até chegar ao último elo da cadeia. O resultado desse tipo de operação é, em princípio, uma redução do nível de falta de produtos, porém resulta em um elevado custo dos estoques que permanecem em excesso em cada um dos intermediários do canal de distribuição.

Com a adoção mais efetiva do conceito de *supply chain management*, os diversos participantes dessa cadeia (intermediários) buscam aprimorar o conceito de cooperação e integração sistêmica para conhecer melhor os hábitos de consumo e, assim, dimensionar, de melhor forma, seus estoques, movimentos de produtos e custos associados, até chegar à unidade fabril.

Finalmente, é importante lembrar que a adoção de venda via *call center* (central de vendas), comércio eletrônico ou, ainda, loja própria pelo fabricante encurta a distância entre a empresa e o consumidor e reduz o custo de distribuição total.

Reduzir o número de intermediários, a chamada desintermediação, é uma meta que vem sendo perseguida, porém existem fatores, já mencionados, que impedem que isso possa se tornar uma realidade, de forma generalizada, para qualquer empresa ou para qualquer tipo de produto ou serviço. Distribuir é uma atividade de alto valor e custo, que requer muito controle em todos os aspectos.

Geralmente, as empresas de bens de consumo de massa buscam ambos os canais, já que ter o produto disponível é fundamental.

Isso porque nem sempre a marca (valor da marca) faz a diferença na etapa mais crucial do processo, que é o momento da decisão do consumidor, o momento da verdade.

Canal múltiplo

O fabricante distribui tanto pelo canal direto quanto pelo indireto, conforme apresentado na figura 22. Visa atingir diversos tipos de consumidores por meio de vários tipos de canais, ampliando a atuação da empresa no mercado.

Um exemplo clássico de canal múltiplo é o adotado pela Dell. A empresa pratica a venda direta de computadores pela internet, ou por meio de seu *call center* (consultores) e, ainda, a venda indireta, em lojas de varejo (físicas ou virtuais).

Esse tipo de canal apresenta como risco potencial a competição entre os canais, podendo reduzir a rentabilidade de um deles, o que poderia, por sua vez, inviabilizar a operação ou comprometer o relacionamento entre os membros do canal de distribuição (ocorrência de conflito nos canais).

Figura 22
Canal múltiplo

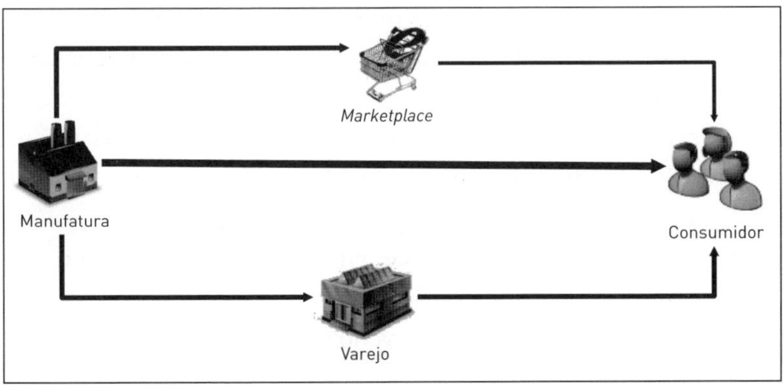

Canal híbrido

Consiste em estruturas mercadológicas nas quais, normalmente, ao longo do canal distributivo, o fabricante realiza a venda e outro membro se encarrega da entrega ao cliente final. Ou seja, existe uma mistura de funções no canal de distribuição, como pode ser visualizado na figura 23.

Figura 23
Canal híbrido

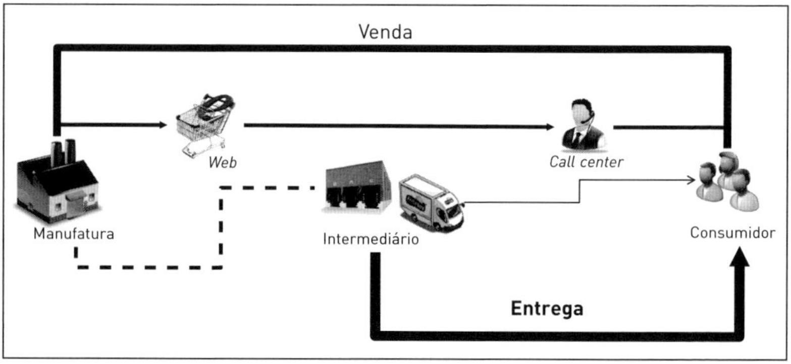

Tem como principais características:

- prestação de serviços mais baratos e eficientes;
- contato direto dos fabricantes com os principais clientes;
- risco de conflito em função da duplicidade de ações que pode ocorrer;
- necessidade de compensação financeira entre os participantes da cadeia para manter o equilíbrio relacional e comercial, além do preço adequado para o consumidor final;
- existe mais de um intermediário realizando a distribuição, com exclusividade ou não;
- separação do processo de venda do de distribuição (desvinculação);

- o relacionamento com o consumidor é do fabricante e a distribuição é terceirizada. É muito utilizado pela indústria de medicamentos.

O fabricante deve ter atenção com o distribuidor que, não sendo exclusivo, pode dar preferência a produtos de melhor margem ou do concorrente.

O advento do comércio eletrônico permitiu aos fabricantes ter contato direto com o consumidor, eliminando diversos intermediários do canal vertical e podendo, assim, chegar à configuração do canal híbrido.

A Fiat e a General Motors, por exemplo, utilizam essa metodologia para oferecer seus veículos ao consumidor final por meio da entrega pela rede de concessionárias (intermediários com contratos específicos).

Propriedades dos canais

A observação e a avaliação da estrutura do canal de distribuição, da forma como está organizado, ou seja, a inclusão ou a exclusão de membros, dependendo do tipo e da quantidade, é uma análise que deve ser realizada continuamente, já que, reforçamos, a qualquer momento podem surgir novos competidores e, com isso, a necessidade de alterar a distribuição.

Diretamente relacionadas a essa análise, existem duas características essenciais ao adequado e eficiente projeto de um canal de distribuição: a extensão e a amplitude.

1. *Extensão* – Vem a ser a quantidade de níveis que podem existir na estruturação do canal distributivo, ou seja, quanto maior o número de intermediários, maior será a extensão ou

o número de níveis de intermediários, conforme mostrado na figura 24.

Figura 24
Extensão/amplitude do canal de distribuição

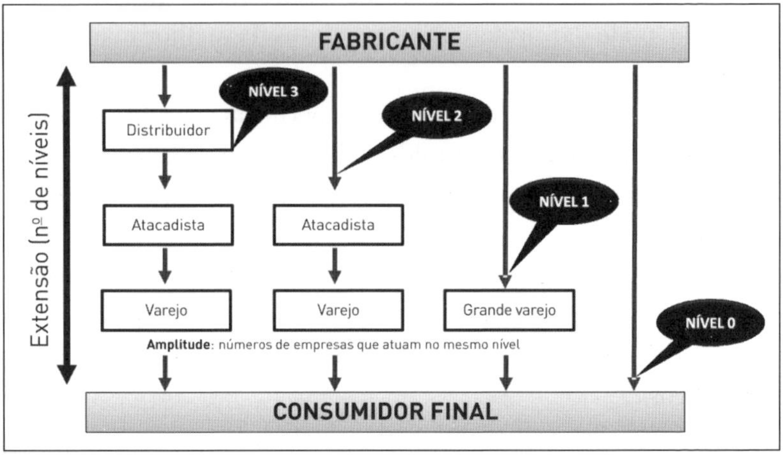

Na figura 24, pode-se notar que quanto maior o número de níveis, mais o fabricante se distancia do consumidor final e que, em princípio, uma das mais importantes justificativas para a inserção de intermediários seria o aumento da capilaridade nos níveis inferiores.

2. *Amplitude* – Caracteriza-se pelo número de intermediários contido em cada nível. Enquanto na extensão os membros estão verticalizados, na amplitude eles se encontram distribuídos horizontalmente. A amplitude pode ser dividida em três modalidades específicas:
   - *exclusiva* – somente um ou poucos intermediários, escolhidos pelo fabricante, revenderão seus produtos, com exclusividade, para mercados específicos. Utilizada em produtos/marcas especiais, segmentadas, exige maior controle sobre o processo de distribuição. A distribuição

exclusiva é típica dos bens de especialidade – aqueles que exigem do consumidor grande esforço para chegar a eles, uma vez que poucos lugares os revendem, como bolsas Louis Vuitton e produtos odontológicos, por exemplo;

- *seletiva* – existem alguns intermediários atuando na mesma região, porém de forma segmentada, definida e controlada pelo fabricante. Tem como foco o posicionamento no mercado, a padronização do atendimento, e pode exigir algum grau de treinamento. Esse tipo de distribuição se aplica aos chamados bens de concorrência, por demandarem médio esforço de locomoção do consumidor para chegar a eles, por terem um forte espírito de concorrência entre si, e ainda porque, normalmente, são precedidos de pesquisa antes da compra. Aplica-se a produtos como automóveis ou móveis de escritório, por exemplo.
- *intensiva* – vários intermediários atuam sem definição de área geográfica especifica, sem cuidados ou controle específico para sua escolha e sem restrições quanto ao número de participantes. Focada na maior capilaridade possível, é geralmente empregada para produtos de alto volume e baixo valor agregado. Utilizada para os bens de conveniência, aqueles de consumo habitual, de baixo grau de fidelização e que, por isso, podem ser substituídos com facilidade, como café, água mineral, sabão em pó, biscoitos, refrigerante, chocolates.

O quadro 9 ilustra o que pode ocorrer no caso de uma divergência, quando o tipo de produto não segue a distribuição recomendada. Nele está noticiado um acontecimento que retrata, na realidade, uma situação que vem sendo adotada por certas marcas de luxo, em conjunto com algumas redes varejistas: as lojas C&A e Riachuelo promovem, uma ou duas vezes ao ano, uma ação com algumas grifes de moda. Embora não comercializem seus produtos tradicionais (que custam milhares de dólares), customizam modelos mais acessíveis, com matérias-primas e acabamentos de qualidade menos nobres, que possibilitam custos e preços finais bem mais acessíveis e que se enquadram, ao final, em um nicho do público-alvo daquelas lojas, voltados para um público-alvo de maior poder aquisitivo, pois, ainda assim, custam razoavelmente mais que os produtos habituais.

Entretanto, a Riachuelo, que tinha cerca de 290 lojas no Brasil e, normalmente, teria realizado aquela ação da Versace em apenas um número reduzidíssimo de lojas (entre quatro e seis), basicamente nas suas *flagships* (a expressão *flagship*, em tradução literal, significa nau capitânia; quando aplicada ao varejo, refere-se a uma loja emblemática, ou carro-chefe. É uma loja conceito, que se destaca das demais da rede, por servir de referência para a aplicação de modelos específicos, inovadores, em que a "alma" da marca pode ser plenamente transmitida, compreendida e absorvida) acabou distribuindo para um grupo bem maior, o que resultou, entre outras consequências, em uma liquidação, ao final.

Quadro 9

Riachuelo x Versace

ANITTA USA VERSACE PARA RIACHUELO EM CASAMENTO E VIRA ASSUNTO NAS REDES SOCIAIS

A cantora escolheu o modelo para o enlace de Fernanda Souza e Thiaguinho, que aconteceu nesta terça (24.02), em São Paulo.

O casamento de Fernanda Souza e Thiaguinho é o *trending topic* da vez. Além da lista de convidados VIPs, dos detalhes da cerimônia e do vestido da noiva, outro assunto que tem gerado *buzz* no Twitter é o *look* exibido por **Anitta** no enlace. O motivo? O vestido preto é da coleção Versace para Riachuelo e custa R$ 79,90 (o preço original, de outubro de 2014, quando foi lançada a coleção, é R$ 349,90).

Fonte:<https://mdemulher.abril.com.br/moda/anitta-usa-versace-para-riachuelo-em-casamento-e-vira-assunto-nas-redes-sociais/>. Acesso em: 29 jun. 2017.

Tivemos, portanto, nesse caso, bens de especialidade sendo distribuídos de forma seletiva, ou mesmo intensiva, para aquele modelo de varejo, o que se mostrou inadequado e, até mesmo, desastroso.

Alocação de custos e a busca da rentabilidade dos canais

Uma das características essenciais do projeto econômico do canal de distribuição é a constante tomada de decisões relativas à realização, ou não, de um dado investimento, pois trata de aplicações de recursos que vislumbram expectativas de benefícios futuros.

Uma adequada análise financeira engloba, geralmente, os seguintes aspectos considerados mais relevantes:

- *análise financeira* – envolve a avaliação das disponibilidades exigidas para o investimento, o estudo de encargos financeiros gerados e a análise das possibilidades de captação de recursos financeiros;
- *análise econômica* – visa ao aspecto da rentabilidade do investimento, por meio da comparação entre os recursos aplicados e os benefícios (retorno) esperados;
- *análise dos imponderáveis* – preocupa-se com os aspectos do investimento que não são expressos de forma monetária, tais como: relações públicas, valores éticos e morais, critérios políticos e sociais, estratégias mercadológicas e enfretamento com a concorrência direta e indireta (produtos e/ou serviços que podem interferir na distribuição do produto, mesmo sem pertencer à categoria em que a empresa atua);
- *fluxo de caixa* – para tomar decisões sobre um investimento, é necessário ordenar uma escala de tempo ou conjunto de valores correspondentes ao encaixe ou desencaixe de re-

cursos que serão submetidos ao investimento pretendido pelo projeto. Denomina-se esse modelo estudo de fluxo de caixa, em que geralmente o horizonte econômico é igual à vida econômica do projeto. Existem diversas métricas que são utilizadas nas medidas de análise financeira do projeto, sendo as mais utilizadas as mais comuns:

a) *método do valor presente líquido* (VPL) – consiste em descontar o fluxo de caixa, calculando-se seu valor atual com auxílio da taxa mínima de atratividade do projeto. Se o valor for positivo, significa que proporciona benefícios líquidos superiores aos valores investidos e, portanto, o projeto será atrativo; caso contrário, deverá ser desconsiderado;
b) *método de taxa interna de retorno* (TIR) – consiste em calcular se é atrativa a taxa de juros que torne equivalentes o valor atual dos investimentos e o valor atual dos benefícios. Em outras palavras, é a taxa de oportunidade, que zera o valor presente líquido. O projeto será atrativo quando essa taxa for maior que a taxa mínima de atratividade;
c) *método do tempo de retorno* (*payback*) – calcula-se o tempo necessário para que o projeto proporcione entradas líquidas de caixa iguais ao montante dos valores investidos.

Resumidamente, para se avaliar o investimento, primeiro é necessário preparar o fluxo de caixa (sempre), o que significa que será preciso obter todas as variações que permitam quantificar o investimento ao longo do tempo (entradas e saídas de caixa) e utilizar uma das técnicas acima para validar a proposta (preferencialmente método do VPL ou da TIR).

Apresentamos no quadro 10, por meio de uma visualização genérica, um exemplo de algumas informações e dos itens que devem ser levados em consideração na elaboração do fluxo de caixa. Trata-se de um modelo meramente referencial, que pode conter mais ou menos tópicos, de acordo com o que foi definido como objetivo(s) e estratégia(s) no plano de distribuição.

Quadro 10

Informações mínimas necessárias para gerar um fluxo de caixa

Item/ período	1	2	3	4	5	6
Investimentos Veículos Equipamentos de descarga Utensílios Outros						
Despesas Manutenção de veículos Combustíveis Outros						
Aluguel/construção Prédios Armazém Posto de combustível Garagem Fretes Despesas gerais						
RH Admissão e demissão						
Volume de vendas Valor						

Os itens deverão ser expressos em moeda local ou qualquer outra definida no plano de distribuição, conforme a seguir:

- *investimentos* – para efeito de análise financeira os itens devem ser considerados novos. Caso existam custos adicionais para colocá-los em condições de uso (transformação, adaptação, frete etc.), deverão compor o respectivo valor do bem;
- *despesas* – as despesas com veículos deverão tomar como base o custo por quilômetro (para cada tipo de veículo),

multiplicado pela quantidade de quilômetros a rodar no período. Para aluguéis, considerar preço de mercado e não valores pagos, ainda que estejam eventualmente defasados, se isso vier a ocorrer;

- *fretes* – em fretes, considerar os valores praticados na localidade;
- *despesas gerais*– as despesas gerais devem tomar como base um parâmetro normal da localidade ou de outras similares à analisada;
- *recursos humanos* – quantificar as alterações por cargo;
- *volume de vendas* – considerar a alteração que o projeto irá acarretar, expressa em quantidade de produto e valor adicional.

Plano de distribuição

Uma vez que a estratégia de distribuição seja definida e aprovada pela direção da empresa, devemos partir para o desenho do plano de distribuição, que deverá ser implementado de modo a contribuir para atingir os objetivos determinados no planejamento estratégico da organização.

Em se tratando de distribuição, devemos sempre lembrar que as atividades devem ser claras, precisas e concisas. Distribuição é um processo numérico e tangível, que engloba tempo, movimentos e valores, entre outras métricas e medidas, umas gerais, outras específicas. A regra de ouro, mostrada na figura 25, apresenta as etapas críticas que devem ser consideradas no planejamento da distribuição, que envolverá sempre: desenhar, calcular, confirmar, testar e avaliar.

Figura 25
Etapas críticas do planejamento da distribuição

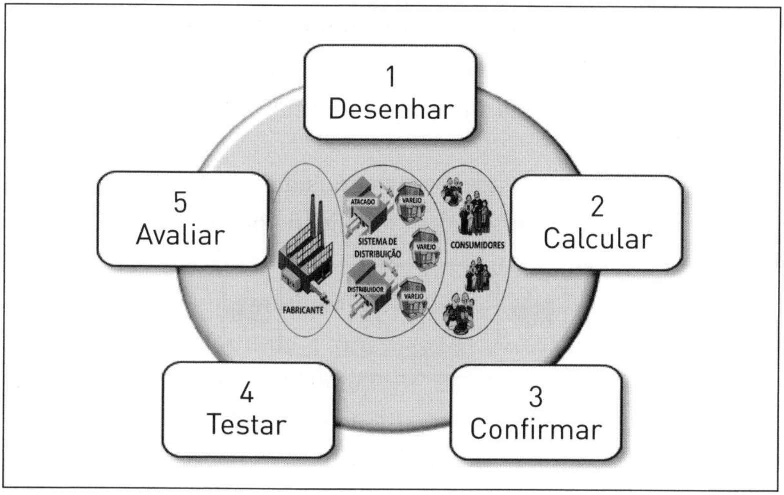

O plano é cíclico, flexível e contínuo, e deve ser constantemente reavaliado em função das constantes mudanças do mercado. Após a fase da avaliação, a aprovação final poderá contemplar, ainda, a expansão (ou redução) das ações planejadas. Geralmente, o plano estratégico de distribuição busca determinar o melhor desenho em termos de relação custo *versus* benefício, participação de mercado, melhor cobertura qualitativa e quantitativa de clientes, seja de forma direta ou indireta, por meio de intermediários.

O plano de distribuição aqui proposto procurará abordar a visão da distribuição direta, da distribuição indireta ou, ainda, a combinação das duas, porém lembre-se de uma questão de muita relevância: seu objetivo quanto ao tipo de distribuição deverá estar bem claro e definido no *planejamento estratégico de distribuição*, que, por sua vez, deverá estar alinhado com o planejamento estratégico de vendas, marketing, comercial e de produção, e, em um nível superior, com o da própria organização.

A figura 26 ilustra os três modelos aqui citados, relembrando que em distribuição não existe uma fórmula ou "receita de bolo" que se aplique de forma generalizada. Produtos (e serviços) têm características distintas entre si e podem exigir modelos criativos ou complementares de distribuição para atingir seus objetivos com eficácia.

Figura 26
Modelos de distribuição

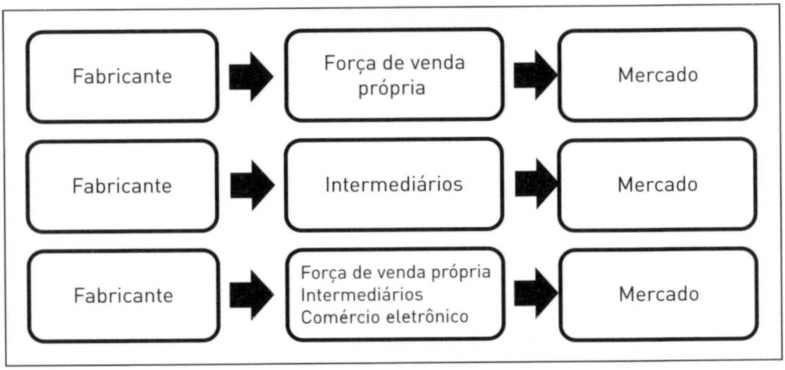

Chamamos a atenção para o comércio eletrônico, que tem modificado a relação de compra entre fabricantes, intermediários e consumidores. E não estamos falando somente em sistemas de informações, mas também em drones, veículos autoguiados, pontos de retirada e correios privados internacionais, entre outras inovações, alguns ainda em fase de teste e que deverão impactar diretamente a relação produzir/vender/distribuir e, também, o pós-venda.

Neste livro, não é nosso intuito esgotar as inúmeras combinações possíveis, e sim mostrar que existem inúmeras modelagens e combinações para seu produto ou serviço.

Lembre-se sempre: conforme argumentado por Kotler e Keller (2012), é no "P" de praça que você terá de detalhar tudo sobre o que será necessário na distribuição para que as metas da organização sejam atingidas.

Estruturação e montagem de áreas de distribuição

Esse procedimento exige um planejamento bastante complexo por envolver várias fases que, por sua vez são compostas por uma série de etapas e itens, conforme será apresentado a seguir.

1. *Quando fazer?* Sempre que forem identificadas situações de desvios ou novas oportunidades de mercado, tais como: novos produtos, novos competidores, crescimento da economia, necessidade de melhorar a disponibilidade de um ou mais produtos no mercado, entre outras, ou ainda na saída de produtos.
2. *Como fazer? (Pontos críticos a serem considerados).* Na implementação ou reformulação de projetos de distribuição, é necessário analisar todos os itens que os compõem, visando a um adequado planejamento.
3. *Conhecimento das características das áreas envolvidas:*
   - região central: centro de uma cidade, por exemplo, onde a concentração de varejos é muito grande;
   - periferia: onde a dispersão de varejos é maior (maior deslocamento entre varejos) e temos de observar aspectos relacionados à segurança da equipe e da mercadoria;
   - rural: quando é necessário o deslocamento entre cidades;
   - dormitório: áreas nas quais comumente as pessoas têm suas residências e se deslocam para trabalhar. O importante aqui é entender que a relação de consumo se dá de forma mais intensa fora do horário comercial;
   - industrial: áreas que apresentam cantinas dentro das empresas ou pequenos varejos que são procurados nos intervalos e folgas das equipes de trabalho;
   - sazonal: áreas que são afetadas por um evento específico, a exemplo das cidades de veraneio, locais de *shows* e eventos.

Além dos pontos citados, relacionados às características das áreas e dos pontos de vendas, também devemos considerar outros aspectos que devem ser abordados no plano de distribuição. São eles:

- infraestrutura para pernoite das equipes de vendas e adequada alimentação;
- serviços bancários para depósito de valores, quando for o caso;
- malha viária (terra, asfalto, pista simples ou mão dupla, qualidade da via, pedágio);
- facilidade com relação à comunicação.

Vale reforçar que a distância a percorrer é muito importante, pois isso tem como baliza a carga horária disponível para a realização da visita ao ponto de venda, além dos tempos de deslocamento, carga e descarga, descanso legal, refeição e manutenção. Também são influenciadores o horário do comércio e o horário imposto pelas cidades para operações de carga e descarga. É o caso das grandes capitais do país, que já não permitem que veículos acima de 3,5 toneladas circulem em determinados locais, entre 6h e 10h. Também temos o rodízio, que afeta a disponibilidade da frota para o serviço; o volume potencial de vendas, que afeta diretamente a capacidade do veículo e o número de ajudantes, quando eles são necessários, e, por fim, o número máximo de entregas que um profissional poderia realizar em uma jornada padrão.

Materiais de apoio

Um plano de distribuição bem elaborado deve cobrir todos os detalhes necessários para que o mercado seja bem abastecido e o cliente (intermediários ou consumidor final) fique satisfeito.

Independentemente do tipo de distribuição, devemos ter em mãos os mapas atualizados da região, utilizar, quando for preciso, a visita física aos locais atendidos, por meio de uma ação de maior porte conhecida como "censo de negócios", em que identificamos uma determinada localidade (cidade ou bairro), dividimos essa localidade em quadrículas e determinamos uma equipe de profissionais que deverão visitar os locais e obter as informações por meio de um formulário específico que busque satisfazer aos requerimentos mínimos de informações que a empresa busca.

Também temos as empresas de pesquisa de mercado (Nielsen, Ibope, Datafolha), que podem vender informações customizadas, tipo banco de dados, para agilizar o trabalho. Esse caminho garante maior velocidade, porém temos de atentar para a qualidade das informações e a época em que foi realizada a pesquisa, além, obviamente, do seu custo. Como consenso geral de mercado, um banco de dados que não sofre nenhum tipo de ação em 12 meses pode ficar desatualizado em até 25% de suas informações.

Uma vez tenhamos definido "quando fazer" e "como fazer", e considerado os pontos críticos a serem observados, devemos começar a pensar no tipo de intermediários que estão presentes na área onde pretendemos entregar nossos produtos e serviços.

Quando falamos em intermediários, devemos sempre lembrar o que foi definido no plano estratégico de distribuição: direta, indireta ou mista. Nesse ponto, deverão ser determinados quais são os clientes a atender: se são estratégicos em volume, ou seja, os que agregam rentabilidade ao negócio, ou estratégicos na formação da imagem do produto, isto é, aqueles que possibilitem maior agregação de valor no longo prazo na formação da imagem do produto, em detrimento da rentabilidade no curto prazo.

Temos também os abastecedores, normalmente intermediários que têm a capacidade financeira para estocar produtos e serviços e regular a demanda. E, ainda, os intermediários que trabalham em horários diferenciados e exigem uma entrega diferenciada, a exemplo dos bares, discotecas, boates e restaurantes que abrem somente à noite, alguns depois das 22h. Como entregar produtos a essa hora? É possível? A legislação permite? A segurança patrimonial permite? A área é de risco? Perguntas e mais perguntas que exigem respostas e devem estar contidas no planejamento.

Como comentamos, existe uma infinidade de intermediários, com características distintas, que podem nos oferecer o que precisamos para ter uma adequada cobertura de venda e distribuição de nossos produtos e/ou serviços: distribuidores, revendedores, *brokers*, atacadistas, varejo, incluindo o comércio eletrônico (lembram-se do drone?). Para conhecê-los de forma estruturada precisamos adotar as seguintes medidas:

- criar um cadastro de intermediários;
- elaborar um itinerário de entrega (ficha eletrônica com as informações mínimas e obrigatórias);
- conceber a ficha individual (eletrônica ou não) de nossos intermediários;
- organizar a relação de intermediários que serão visitados diretamente (inclusive quando por meio de um *call center*), por um revendedor ou por qualquer outro tipo e modalidade de intermediário.

Nessa fase da elaboração do plano de distribuição, é importante frisar que a obtenção da informação, via censo direto ou informação comprada e ratificada, será um fator que fará diferença no tocante à cobertura efetiva de mercado e à produtividade da entrega dos produtos e/ou serviços.

Outro aspecto que dará forma ao plano, principalmente no que tange ao modo e ao objetivo de abastecer o mercado, é a frequência de visitas. Via de regra, quanto mais competitivo é o mercado em termos de volume, maior é a tendência de aumentarmos a frequência das entregas e diminuirmos o tempo entre elas. Entretanto, nunca devemos determinar a frequência ideal sem antes ter realizado, com a equipe ou o pessoal da área de finanças, o custo de tal operação. Nem sempre, mas por vezes, o custo de servir compensa a frequência de visitas desejada.

São as seguintes as frequências de visita mais comuns no mercado:

- diária – entrega ao intermediário uma vez ao dia;
- trissemanal – entrega ao intermediário três vezes na semana. Normalmente empregada em intermediários de volume muito alto;
- bissemanal – entrega ao intermediário duas vezes por semana, geralmente na segunda e na quinta-feira ou na terça e na sexta-feira. O que determina a primeira ou segunda é quando se dá o volume de venda do intermediário. Por exemplo, um bar com forte movimento no fim de semana, em que a entrega deverá ser realizada nas terças e sextas-feiras para suportar o volume do fim de semana e evitar a falta de produto (quebra do estoque) em que todos perdem;
- semanal – entrega uma vez por semana, identificando o melhor dia (próximo da melhor venda), para evitar também a ruptura do estoque;
- quinzenal – visita a cada 15 dias. Geralmente utilizada em negócios que têm baixa ou pouca alteração no seu volume de venda e baixa importância para a indústria. Existe uma exceção: se forem intermediários que, apesar de terem potencial, compram sempre a mesma quantidade, pode-se buscar uma forma de entregar que resulte em menor custo, para aumentar a rentabilidade. Existem clientes que precisam do seu produto ou serviço, mas não têm caixa (dinheiro)

para pagar o que de fato podem vender, ou cujo interesse se restringe apenas a ter o produto exposto;

- mensal – como tentativa de manter o cliente (intermediário), porque ele faz parte de uma negociação especifica, ou porque tem por estratégia concentrar a compra em função da flexibilidade do seu fluxo de caixa.

A frequência de visita aos intermediários está relacionada diretamente ao censo de presença e falta de produtos. Quanto maior a falta de produtos, maior deverá ser a frequência de visitas; entretanto não devemos esquecer que o crédito concedido afeta diretamente essa relação. Devemos ter muito cuidado nessa análise e procurar todos os órgãos, como Serasa, SPC e intermediários vizinhos, para entender a situação financeira dos clientes.

Lembre-se: como regra de ouro, nunca se esqueça de verificar seu cadastro interno de clientes, a fim de avaliar detalhes como histórico de pagamento e de compras, atrasos em pagamentos etc. Se você já trabalha com um intermediário e ele tem um cadastro de clientes organizado, utilize-o, se for possível; geralmente o intermediário local tem muito mais informações de qualidade e atualizadas do que aquelas compradas de terceiros.

Todas essas considerações têm como objetivo formatar e implementar um plano de distribuição viável, que apresente o retorno esperado e que possa minimizar os riscos de uma operação direta ou envolvendo intermediários. Portanto, vamos apresentar, a partir deste ponto, como começamos a montar uma rota diária de vendas e entrega. Isso pode ser usado tanto para a distribuição direta quanto para a indireta.

Montagem da rota diária

Para a montagem da rota diária, as visitas deverão ser distribuídas de forma racional, por intermédio de mapeamento (censo interno) ou conforme modelo de banco de dados, adquirido no mercado, da região envolvida, tomando-se cuidado com os seguintes aspectos:

1. Tempo e carregamento:
    - carga horária de trabalho;
    - recebimento da carga (local e horário);
    - carregamento diário (local e horário). Sequência de carregamento: do último para o primeiro;
    - horário bancário (se for o caso);
    - fluxo de malotes e sistemas de comunicação;
    - volume de vendas;
    - número de itens comercializados;
    - quilometragem diária a percorrer;
    - se viajar, quilometragem, alimentação e pernoite (quando for o caso).
2. Características dos intermediários para definição do melhor dia da semana para atendimento. Exemplos:
    - intermediário de área comercial ou centro – segunda-feira;
    - intermediário de área dormitório ou periferia – sexta-feira;
    - intermediários noturnos – quarta e quinta-feira;
    - intermediário de área sazonal – sexta-feira;
    - varejo de área industrial – segunda e sexta-feira.
3. *Modus operandi* (modelo de operação a ser seguido):
    - realizar as alterações ou introduções (digitação) no sistema de distribuição;
    - dar entrada e confirmar o crédito de cada cliente;

- definir a data de implementação da distribuição;
- definir e rever as equipes envolvidas;
- ajustar os estoques dos intermediários, se for o caso;
- elaborar os avisos de mudança da visita de entrega;
- envolver as seguintes áreas de suporte e apoio: suprimentos, transportes, informática, RH/RI (incluindo recrutamento e seleção, no caso de substituição de equipe e treinamento específico), contabilidade e finanças, central de administração (caso exista);
- promover reuniões com as equipes envolvidas;
- definir datas para avaliação do projeto (pelo menos a cada 15 dias).

4. Outros detalhes essenciais ("cascas de bananas") que devem ser avaliados:
   - adequação do estoque;
   - capacidade do veículo x volume;
   - envolvimento do pessoal de TI;
   - disponibilidade de recursos físicos e humanos;
   - treinamento e material de apoio;
   - garantia de que a comunicação ao cliente seja efetiva;
   - confecção de contratos;
   - sazonalidade;
   - programação de férias e *turnover* (alternância de funcionários em uma empresa, isto é a contratação ou dispensa em um determinado período);
   - conhecimento da área geográfica pelas equipes;
   - informar as áreas envolvidas (direta e indiretamente) sobre nova hierarquia.

Estudo de tempos e movimentos

Analisando-se as atividades externas de distribuição, percebemos que grande parte das mesmas é realizada em tempos similares para um mesmo tipo de cliente. É importante estudarmos e levantarmos esses números, já que eles são semelhantes em inúmeros tipos de intermediários, o que nos ajudará a padronizar as atividades e a estabelecer os processos uniformes que devem ser seguidos pelos profissionais envolvidos na atividade que está sendo realizada. A chave do sucesso de um plano de distribuição de excelência está no levantamento dessas atividades, que depois de agrupadas e organizadas são denominadas "tempos e movimentos".

O sistema, via de regra, contempla rotas de distribuição "padrão", ou seja, não considera particularidades de determinadas regiões geográficas (locais), que devem ser analisadas quando de sua aplicação, considerando que:

- são medidos os tempos de todas as tarefas executadas pelo motorista de entrega e ajudantes (se for o caso), desde o momento em que saem do ponto de apoio (central de distribuição, depósito, ponto de encontro, ponto de abastecimento etc.) até retornarem ao mesmo local de início da jornada de trabalho, incluindo todas as atividades internas e burocráticas da equipe;
- após o levantamento, os tempos obtidos são confrontados, utilizando-se conceitos de estatística (*softwares* que consideram desvio padrão, média etc.), eliminando-se os tempos atípicos ou anormais.

As medições são realizadas por meio de amostragem, levando-se em consideração as condições geográficas, *mix* de produto e sistema utilizado (distribuição direta, indireta).

Geralmente, os tempos são agrupados em blocos de quatro tarefas e alocados em planilhas tipo Excel para cálculo unificado das atividades de entrega e movimentação de produtos, conforme mostrado no quadro 11. O plano pode contemplar a contratação de empresa especializada que possua todas as ferramentas tecnológicas para levantamento dos tempos e movimentos e cálculos necessários.

Esse passo a passo, conforme aqui descrito, veio a servir de base para os modernos modelos de roteirizadores.

Quadro 11

Exemplo de um quadro de cálculo unificado

Atividade	**Tempo-alvo (*target*)**
Atender o cliente (bom dia)	
Entregar e conferir a mercadoria	
Receber	
Trajetos 1º trajeto Último trajeto Entre intermediários (ida ao veículo) Intermediário – carro Carro – intermediário Ao banco Ao ponto de encontro Para recarga Retorno ao intermediário, se for o caso Entre cidades ou bairros Ao posto de combustível, se for o caso Para almoçar, lanchar e/ou jantar, se for o caso	
Atividades complementares de mercado Anotar quilometragem, se for o caso Abastecimento do veículo, se for o caso Verificação de óleo, radiador etc., se for o caso *Merchandising*, se for o caso Limpeza de materiais, se for o caso Reposição de estoque, se for o caso.	
Atividades internas e burocráticas Estacionar veículo Descarregar o veículo Conferência da mercadoria Devolução, se for o caso Conferência de NF's e respectivos canhotos Elaborar relatório do dia, se for o caso	
Depósito bancário, se for o caso	

Considerações importantes afetas a um plano de distribuição

Um plano de distribuição, como já foi dito, não é uma "receita de bolo", porém segue uma linha mestra de atividades que devem ser ajustadas às necessidades do mercado e da empresa.

Devemos sempre procurar envolver todas as áreas para que o plano se aplique a toda a organização, já que ela será afetada pelo seu resultado, tendo claros o ciclo da distribuição (direta e indireta), as políticas e diretrizes relacionadas a vendas, administração e transporte, à TI (com seus roteirizadores), aos sistemas de controle de carga e de carregamento do veículo, à contabilidade, ao *merchandising* e às dependências físicas (depósitos, centrais de distribuição, pontos de encontro etc.), entre outros.

Outro aspecto relevante que afeta diretamente a produtividade do plano refere-se à forma como a carga é preparada para a entrega ao intermediário. No mercado, temos empresas que separam previamente os produtos de acordo com a nota fiscal do cliente, e esse trabalho é realizado dentro da estrutura da empresa, inclusive, podendo fazer uso de embalagens especiais (muito comum no caso do comércio eletrônico). Outras empresas optam por não separar previamente os produtos e realizar essa atividade dentro das instalações do cliente. Não existe uma regra para isso, porém a experiência de mercado tem mostrado que cargas separadas antes da entrega elevam significativamente a produtividade da equipe junto ao intermediário.

Finalizando, reforçamos os sete principais pontos que devem ser contemplados em um plano de distribuição, sendo o sistema direto ou indireto:

1. definição do produto (bens de conveniência, concorrência ou especialidade);
2. definição do cliente (comportamento de compra do consumidor);

3. identificação dos intermediários (varejo, atacado, distribuidor etc.);
4. realização de análise situacional mercadológica (*benchmarking*);
5. integração à empresa (cultura e visão do produto e da distribuição);
6. avaliação da aceitabilidade (custo x benefício);
7. verificação e adaptação à legislação.

Conclusão

Vivemos hoje em um mundo completamente diferente se comparado ao do século passado; o mercado mudou drasticamente, em especial no que se refere ao número de marcas e ao comportamento do consumidor.

Antes, como existiam poucas marcas e produtos, e os clientes tinham acesso limitado às informações, era simples realizar ações de marketing, já que facilmente se distinguiam o valor e o preço dos bens que, independentemente do seu posicionamento, eram amplamente conhecidos. Não havia preocupação com a qualidade do atendimento, particularmente no tocante às condições de entrega.

Hoje, nossa vida transita diuturnamente entre o mundo físico e o digital, e praticamente tudo a que antes assistíamos nos filmes de ficção e que eram apenas sonhos e devaneios saídos das cabeças de autores muito criativos vem se tornando realidade. O teletransporte, por exemplo, é uma das poucas coisas que permanece, aparentemente, distante de se realizar, embora cientistas chineses já tenham conseguido teletransportar partículas de fóton.

Face a todas essas mudanças fantásticas que vêm transformando nosso modo de viver e de consumir, uma situação permanece inalterada: os produtos têm de ser entregues a seus clientes. Não importa se a compra foi feita na loja física, pela internet ou por telefone; não interessa se o comportamento de compra, graças ao advento do *omnichannel*, ocorre em vários canais diferentes, por meio de múltiplas plataformas – o bem adquirido tem de chegar às mãos do consumidor.

Em outras palavras, a logística de distribuição continua sendo um desafio para as empresas, mais ainda que antes, pois ela agora representa uma ferramenta que não apenas afeta a competitividade, mas permite que aquele que é mais ágil, que consegue estar mais perto e que entrega com maior qualidade obtenha um diferencial no atendimento e, com isso, uma grande vantagem competitiva.

O mercado hoje, e cada vez mais, se mostra dependente dos canais de distribuição, que podem decidir o sucesso ou o fracasso, o definhar ou a sobrevivência das organizações. Nesse complexo mundo em que vivemos, no qual dispomos de uma infinidade de escolhas e em que o consumidor se mostra, a cada instante, a cada geração, a cada novo passo tecnológico, mais e mais exigente, fidelizá-lo e obter sua lealdade converte-se em um duelo de hercúleas dimensões.

São indispensáveis as ações de marketing e de vendas para induzir o cliente à compra, mas esse é apenas o ponto de partida para o sucesso, que somente será alcançado quando o produto, por meio de uma distribuição eficiente, for disponibilizado para o cliente.

Não pretendemos, neste livro, esgotar todas as linhas de raciocínio, tampouco mensurar todas as possibilidades existentes, já que o mercado é dinâmico, evolutivo e diretamente impactado pela velocidade com que se desenvolvem novas tecnologias e surgem inéditas tendências, particularmente as relacionadas ao perfil de consumo.

Referências

ADNEWS. Brasileiros passam em média 4 horas por dia conectados a internet pelo celular, aponta pesquisa. *Adnews*, 15 set. 2016. Disponível em: <http://adnews.com.br/internet/brasileiros--passam-em-media-4-horas-por-dia-conectados-internet-pelo--celular-aponta-pesquisa.html>. Acesso em: 18 fev. 2017.

ASSENNATO, Diana. Infográfico: o brasileiro na internet. *Free the Essence*, 18 abr. 2016. Disponível em: <www.freeth eessence.com.br/unplug/corpo-e-mente/infografico-o-brasileiro-na--internet/>. Acesso em: 15 fev. 2017.

BALLOU, Ronald H. *Logística empresarial.* São Paulo: Atlas, 1993.

_____. *Gerenciamento da cadeia de suprimentos*: logística empresarial. Porto Alegre: Bookman, 2008.

BERTAGLIA, Paulo Roberto. *Logística e gerenciamento da cadeia de abastecimento.* São Paulo: Saraiva, 2005.

BOUÇAS, Cibelle. Amazon vai comprar rede Whole Fodds por US$ 13,7 bi. *Valor Econômico*, 16 jun. 2017. Disponível em: <www.valor.com.br/empresas/5006726/amazon-vai-comprar-rede--americana-whole-foods-por-us-137-bilhoes>. Acesso em: 20 jul. 2017.

BOWERSOX, Donald J.; CLOSS, David J. *Logística empresarial*: o processo de integração da cadeia de suprimento. São Paulo: Atlas, 2007.

______, Donald J. et al. *Gestão logística da cadeia de suprimentos*. 4. ed. Porto Alegre: Bookman, 2014.

BRADESCO. Departamento de Pesquisas e Estudos Econômicos (Depec). *Comércio Varejista*. Jun. 2017. Disponível em: <www.economiaemdia.com.br/EconomiaEmDia/pdf/infset_comercio_varejista.pdf>. Acesso em: 18 jul. 2017.

CAMARGO, Caio. EasyPost desenvolve solução logística pioneira no país para revolucionar o mercado de e-commerce brasileiro. *Falando de Varejo*, 3 fev. 2017. Disponível em: <www.falandodevarejo.com/2017/02/easypost-desenvolve-solucao-logistica.html>. Acesso em: 5 mar. 2017.

CHING, Hong Yuh. *Gestão de estoques na cadeia de logística integrada*: supply chain. 4. ed. São Paulo: Atlas, 2010.

CHRISTOPHER, Martin. *A logística do marketing*. São Paulo: Futura, 2003.

COHEN, Kim. Global ecommerce sales, trends and statistics 2016. *Remarkety*, 18 jun. 2017. Disponível em: <www.remarkety.com/global-ecommerce-trends-2016>. Acesso em: 20 jul. 2017.

COUGHLAN, Anne et al. *Canais de marketing*. 7. ed. São Paulo: Pearson Education do Brasil, 2012.

COUNCIL OF SUPPLY CHAIN MANAGEMENT PROFESSIONALS (CSCMP). *Glossário*. Disponível em: <http://cscmp.org/CSCMP/Educate/SCM_Definitions_and_Glossary_of_Terms/CSCMP/Educate/SCM_Definitions_and_Glossary_of_Terms.aspx?hkey=60879588-f65f-4ab5-8c4b-6878 815ef921>. Acesso em: 10 abr. 2017.

CRUZ, Gabriel. *Ruptura*: o consumidor não perdoa. Disponível em: <www.ilos.com.br/web/ruptura-o-consumidor-nao-perdoa/>. Acesso em: 5 mar. 2017.

CUNHA, Renato. Nova plataforma de varejo Intel: loja de tricô 3D, realidade virtual e robôs para gerir o estoque. *Stylo Urbano*, 15 abr. 2018. Disponível em: <www.stylourbano.com.br/nova-

-plataforma-de-varejo-intel-loja-de-trico-3d-realidade-virtual--e-robos-para-gerir-o-estoque/>. Acesso em: 19 abr. 2018.

DI QUINZIO, Cécilia. Bingo Box lance em Chine une version d'Amazon Go. *Stratégies*, 24 fev. 2017. Disponível em: <www.strategies.fr/actualites/medias/1058506W/bingo-box-lance-en--chine-une-version-d-amazon-go.html>. Acesso em: 21 jun. 2017.

DOM STRATEGY PARTNERS. Estudo da DOM Strategy Partners avalia qual é o peso do cliente na estratégia das empresas do país. *Portal Consumidor RS*, abr. 2015. Disponível em: <http://dom-ecc.com.br/estudo-da-dom-strategy-partners-avalia-qual--e-o-peso-do-cliente-na-estrategia-das-empresas-do-pais/>. Acesso em: 3 mar. 2017.

E-COMMERCE BRASIL. Grupo GS& Gouvêa de Souza destaca 10 tendências para o varejo em 2017. *Ecommercebrasil*, 20 jan. 2017. Disponível em: <www.ecommercebrasil.com.br/noticias/grupo-gs-gouvea-de-souza-destaca-10-tendencias-para-o--varejo-em-2017/>. Acesso em: 21 jul. 2017.

EUROMONITOR INTERNACIONAL. *Top 10 Global Consumer Trends for 2017*. Disponível em: <http://go.euromonitor.com/white--paper-2017-top-10-global-consumer-trends-EN.html>. Acesso em: 5 mar. 2017.

FUTRELL, Charles M. *Vendas*: fundamentos e novas práticas de gestão. 2. ed. São Paulo: Saraiva, 2014.

GAITHER, Norman; FRAZIER, Greg. *Administração da produção e operações*. 8. ed. São Paulo: Pioneira Thomson Learning, 2004.

GOGONI, Ronaldo. Amazon Go, o mercadinho do tio Bezos. *Meio Bit*, 6 dez. 2016. Disponível em: <http://meiobit.com/356421/amazon-go-conceito-supermercado-sem-caixas-autenticacao--automatica-deep-learning-cameras-e-sensores/>. Acesso em: 21 jul. 2017.

KOTLER, Philip; ARMSTRONG, Gary. *Princípios de marketing*. 15. ed. São Paulo: Pearson Prentice Hall, 2014.

______; KELLER, Kevin Lane. *Administração de marketing*. 14. ed. São Paulo: Pearson Prentice Hall, 2012.

LACZYNSKI, Priscila et al. *Gestão de riscos em cadeias de suprimentos*. [S.l.]: [s.n.], [s.d.]. Disponível em: <http://bibliotecadigital.fgv.br/dspace/bitstream/handle/10438/16396/resumo_-_gestao_de_riscos_em_cadeias_de_suprimentos.pdf?sequence=1>. Acesso em: 7 mar. 2017.

LEITE, Rosângela C. *Guia sobre as diferentes gerações no ambiente de trabalho*. Centro de Pesquisa, Desenvolvimento e Educação Continuada (CPDEC), [s.d.]. Disponível em: <www.cpdec.com.br/guia-sobre-as-diferentes-geracoes-no-ambiente-de-trabalho/>. Acesso em: 19 abr. 2017.

LEVITT, Theodore. *A imaginação de marketing*. São Paulo: Atlas, 1990.

MORITA, Alessandra. Atacarejo pode estar perto da saturação em algumas cidades. *Supermercado Moderno*, 5 jul. 2017. Disponível em: <www.sm.com.br/detalhe/negocios/atacarejo-pode-estar-perto-da-saturacao-em-algumas-cidades>. Acesso em: 21 jul. 2017.

NOVAES, Antonio G. *Logística e gerenciamento da cadeia de distribuição*. 4. ed. Rio de Janeiro: Elsevier, 2015.

NIELSEN HOLDINGS N. V. 76% dos novos lançamentos no grande consumo fracassam no primeiro ano de vida, de acordo com a Nielsen. *Nielsen, Sala de Imprensa*, 16 set. 2014. Disponível em: <www.nielsen.com/pt/pt/press-room/2014/76-dos-novos-lancamentos-no-grande-consumo-fracassam-no-primeiro-ano-de-vida-de-acordo-com-a-nielsen.html>. Acesso em: 27 mar. 2017.

OMNI PLUSOFT. Experiência omnichannel: o guia definitivo. *Plusoft*, 26 abr. 2017. Disponível em: <https://twitter.com/hashtag/omniplusoft?src=hash>. Acesso em: 15 fev. 2017.

PORTER Michael. *Estratégia competitiva*. Rio de Janeiro: Elsevier, 2005.

PUNNIYAMOORTHY, M. et al. Assessment of supply chain risk: scale development and validation. *Benchmarking: an International Journal*, v. 20, n. 1, p. 79-105, 2013.

QUOTE INVESTIGATOR. Exploring the origins of quotations. *Quote Investigator*, maio 2014. Disponível em: <https://quoteinvestigator.com/tag/leon-c-megginson/>. Acesso em: 2 mar. 2017.

ROSENBLOOM, Bert. *Canais de marketing*: uma visão gerencial. 8 ed. São Paulo: Cengage Learning, 2014.

SANTOS, Vanessa. O mercado de e-commerce no Brasil e no mundo: tendências e entraves. *Economia de Serviços*, 23 fev. 2016. Disponível em: <http://economiadeservicos.com/2016/02/23/o-mercado-de-e-commerce/>. Acesso em: 17 jul. 2017.

SCHVABE, Rodrigo. Alibaba vende 1 bilhão de dólares nos primeiros 5 minutos do Single's Day. *Eeleva Marketing*, 11 nov. 2016. Disponível em: <www.drmkt.com.br/alibaba-vende-1-bilhao-de-dolares-nos-primeiros-5-minutos-do-singles-day/>. Acesso em: 20 jul. 2017.

SMARKET SOLUTIONS. Tendências NRF Retail's Big Show 2017. *Smarket*, 24 jan. 2017. Primeira parte: Realidade virtual. Disponível em: <www.smarketsolutions.com.br/mercado/tendencias-nrf-2017-parte-1/>. Acesso em: 21 jul. 2017.

TECMUNDO. História da televisão. *Tecmundo*, 9 jul. 2009. Disponível em: <www.tecmundo.com.br/projetor/2397-historia-da-televisao.htm>. Acesso em: 19 jan. 2017.

VERHOEF, P. A.; KANNAN, P. K.; INMAN, J. J. From multi-channel retailing to omni-channel retailing: introduction to the special issue on multi-channel retailing. *Journal of Retailing*, v. 91, n. 2, p. 174-181, 2015.

Os autores

Alexandre Stigert

Especialista em administração de empresas pelo Instituto Coppead de Administração da Universidade Federal do Rio de Janeiro (UFRJ). Graduado em administração de empresas pela Universidade Newton Paiva (MG) e Universidade Estácio de Sá (Unesa). Membro do Council of Logistics Management (CLM), atuou em diversas empresas multinacionais e nacionais de grande porte em cargos de direção e projetos especiais. Tem sólida experiência em gestão empresarial, logística, distribuição, *suplly chain management*, *trade marketing*, *marketing* e finanças. Atuou na Europa, Estados Unidos, América Latina e Caribe, tendo sob sua responsabilidade direta as operações de produtos de consumo de massa (FMCG) e todas as operações correlatas, desde a produção, venda, finanças, transporte, distribuição e comunicação nos pontos de vendas.

Carlos Renato Seabra

PhD. em *business administration* pela Florida Christian University, mestre em administração pela Escola de Guerra Naval (EGN)/ Universidade Federal do Rio de janeiro (UFRJ) e engenheiro mecânico, com pós-graduação em eletrônica. Bacharel em ciências navais. É auditor da Humaitá Auditores Independentes Ltda. e docente convidado de cursos de MBA e pós-graduação em diversas instituições. Foi empresário, *restaurateur*, gerente de logística da EVM Ltda. e diretor da ProJuris – Planejamento Empresarial. Palestrante e consultor nas áreas de planejamento, logística e *trade marketing*. Possui experiência internacional, tendo visitado 19 países das Américas, Europa e África, além da Antártica, em viagens de trabalho.

Este livro foi impresso nas oficinas gráficas da Editora Vozes Ltda.,
Rua Frei Luís, 100 – Petrópolis, RJ.